编　委　会

数字经济前沿八讲

清华大学社会科学学院经济学研究所　编著

人民出版社

责任编辑：陈百万
封面设计：汪　莹
责任校对：吕　飞

图书在版编目（CIP）数据

数字经济前沿八讲/清华大学社会科学学院经济学研究所
　编著. —北京：人民出版社，2022.8（2023.1 重印）
ISBN 978－7－01－024910－0

Ⅰ.①数…　Ⅱ.①清…　Ⅲ.①信息经济-研究-中国
　Ⅳ.①F492

中国版本图书馆 CIP 数据核字（2022）第 129689 号

数字经济前沿八讲
SHUZI JINGJI QIANYAN BA JIANG

清华大学社会科学学院经济学研究所　编著

人 民 出 版 社 出版发行
（100706　北京市东城区隆福寺街 99 号）

北京中科印刷有限公司印刷　新华书店经销

2022 年 8 月第 1 版　2023 年 1 月北京第 2 次印刷
开本:880 毫米×1230 毫米 1/32　印张:6.25
字数:118 千字

ISBN 978－7－01－024910－0　定价:59.00 元

邮购地址 100706　北京市东城区隆福寺街 99 号
人民东方图书销售中心　电话 (010)65250042　65289539

目 录

|

CONTENTS

序　言

当今世界正经历百年未有之大变局，而百年未有之大变局又与其他两个重大事件交织在一起，并深刻影响着世界格局的变化。一是百年大疫情，其影响将会是长远的，一定会超越疫情防控期本身。另一个是科技发展对经济活动的革命性影响，集中表现为数字经济的崛起。

如何理解数字经济给人类社会带来的影响？我的看法是，数字经济是从电气化革命以来，改变人类经济活动格局的最为重大的变革！人类经济活动的格局将会从三大产业变为四大产业。其中第一产业是农耕时代的重要经济活动，是维系人类基本生存的产业。第二产业是在第一产业基础上，从家庭手工业生产中逐步剥离出来的，根本上是进一步满足人类物质需要的经济活动。第三产业是提供人类对非物质产品需求的产业，也是从第二产业中逐步剥离出来的，因为第二产业生产出来的产品还需要辅之以服务，才能被市场所接受。第四产业就是数字经济，是以数据的收集和加工为主要经济活动的新产业，这一产业也是从第三产业中剥离出来的。

工信部数据显示，当前中国数字经济规模在经济中的比重已经超过 30%。可以预计，不久的将来，第四产业将成为人类比重最高的经济活动。第四产业的核心就是数字经济，因此第四产业和数字经济在很大程度上是等义语。

　　既然数字经济或第四产业的兴起是深刻影响和改变中国与世界经济格局的重大事件，数字经济必然是经济学研究的新兴重要领域。清华大学社会科学学院经济学研究所在数字经济研究领域投入了极大的精力，目前已经成为国内外数字经济研究领域最重要的研究机构之一，发表和出版了一大批数字经济研究的论文和书籍，举办了数字经济的学术会议和讲座，创立了数字经济的国际学术杂志，也将很快推出数字经济专业硕士学位项目。

　　本书是清华大学社会科学学院经济学研究所举办的"数字经济前沿系列讲座"的成果汇编，目的是面向社会大众传递数字经济的关键理念和理论，帮助社会各界从数字经济的发展中获得更多收益，从而推进数字经济的发展。

　　"数字经济前沿系列讲座"体现了清华大学社会科学学院经济学研究所推进数字经济交叉研究的优势。尤其值得一提的是，政治经济学是经济学研究所传统的研究教学领域，蔡继明老师是政治经济学研究的著名专家，由他来领衔"数字经济前沿系列讲座"的第一讲，从马克思主义政治经济学的基本原理来研究数字经济，为社会各界理解数字经济提供了重要基础。"数字经济前沿系列讲座"中其他老师从数据分类确权、数字经济监管、数字经济与经济增长、数字经济与收入差距、数字经济与科技金融等各个方面系统分析数字经济对社会经济发展产生的深刻影响，各位老师在本次系列讲座中展示了他们最新的研究、奉献了宝贵的智慧。

数字经济研究离不开政府与市场经济学。政府与市场经济学研究的课题是现代市场经济中政府的角色和行为。数字经济时代，政府很可能比以往起到更为重要的作用，因为许多市场培育和监管的职能都是由政府来承担的。政府与市场经济学也是经济学研究所的一个重要研究方向。"数字经济前沿系列讲座"一个潜在的主线就是数字经济发展中政府的作用和定位。

我相信《数字经济前沿八讲》一定能够为那些希望在数字经济领域大显身手的企业家、专业技术人员、学术研究者、青年学子提供十分有益的帮助！

李稻葵

清 华 大 学 经 济 研 究 所 教 授
清华大学中国经济思想与实践研究院院长

序　言

中国市场经济建设日益深化，其关键之一就是要素市场化。本书呈现的是数据要素市场化，和我长期研究的土地要素市场，二者各有特点，也具有相通性，因此，我分别与蔡继明、汤珂、王勇等教授及其团队深度讨论过土地产权、数据确权与要素市场化，特别是要素占有权理论，受益良多。我也向李稻葵、戎珂、谢丹夏、孙震、李红军等教授交流和请益其数字经济的一流成果，深感振奋，于是，同事们一起推动数据要素与数字经济的系列讲座。人民出版社也敏锐地抓住这一选题，成果很快付梓面世，以飨读者。

清华大学"数字经济系列讲座——新要素、新组织、新格局"共 8 场，吸引了数百万听众，可见数字经济与大众是息息相关的，事实上这次数字经济系列讲座本身就是数字经济的表现形式之一。在世纪疫情下，数字经济迅速改变我们的日常生活，改变企业经营模式，改变产业生态，而且仍然在继续，可谓方兴未艾，具有无限的拓展空间。本书各篇文章都有深入探讨，在此我谈点个人感触与感性认识。

一

新冠疫情防控两三年来，数字经济被空前激发。2020年上半年，学生散布五湖四海，然而课堂不能停，在线教学应运而生。尽管现在已经习以为常，当时却是全新的挑战，在没有助教的情况下我学会了云课堂、腾讯会议。如何保证在线教学效果，我们费尽心思。下半年，随着疫情缓和，部分学生返校，于是开展线上线下融合式教学。清华效率高，教室的设备随之全面更新。相比年轻教师，频繁变换教学手段对我的难度要大一些，但我努力克服了，还荣幸获得了"清华大学抗击新冠疫情先进个人"。

在线讲课虽然比不上面对面互动与讨论那样自如自由和灵活，但有一些技术手段也不可替代，如云课堂的投票、选择题、弹幕等功能，即时互动，效果独特。因此，即使在教室现场上课，我也仍然习惯采用云课堂，以强化学生参与和互动。一个学期下来，答题大数据的结果自动生成，客观公正，也就很少有学生来要求加分了。

疫情防控以来，现场的学术交流几乎中断，幸而数字平台彻底改变了这一局面。2020年3月起，清华大学华商研究中心组织了13场"海外华商谈抗疫"全球连线，约请欧洲、北美、南美、亚洲、非洲、澳洲各地华商与侨领，在线交流世界各地疫情形势及疫情防控，受到国内外各界的广泛关注。此后，在线会议与交流日益频密起来，突破地域障碍、突破国界，学术交流密度远远超越疫情之前。

二

数据要素与数字经济已经广泛融入生产生活各个领域，对于后发跳跃性发展的中国，感受尤其深刻。新世纪之初，我们到欧美，仍感慨于其信用卡、个人支票之便利；近十年来，手机支付、共享单车等服务在国内已经很普及，我们到了欧美，反而感觉到颇不方便了。中国跳过了个人支票阶段，直接进入移动支付阶段。

数字经济、平台经济大大降低了创业创新的门槛，从而全面激活了各类市场主体，仅淘宝就为数百万新型市场主体提供了创业平台。我们经济所的荣休教授刘鹰博士，将市场主体密度视为创新力的衡量指标。中国的市场主体密度长期落后于美国，但在2021年追上了美国。这一数据可能还不包括部分数字平台上的创业者，如微信、抖音等。

2021年下半年，我偶然关注了微信直播。泉州当地的微信直播，铺天盖地都是销售各种各样的鞋，我的家乡湖南则以才艺主播引人注目。有一对名为"大丫幺妹"的女青年，某天一早在山上开播，又唱又跳，带着山野的清新气息，吸引了十几万听众。原来她们要通过直播卖家里的腊肉，结果很快销售一空。"音乐人林灵"，厦门大学毕业后在湖南歌舞剧院工作。疫情期间，各地歌舞剧院几乎停止活动，她虽然是国家三级歌唱演员，也很少有机会一展才华，而今微信直播平台延续了她的舞台梦，在粉丝们的激励下，其歌唱水平也日臻化境。

数字经济也为我的家乡安化县脱贫立下了汗马功劳。挂职副县长陈灿平通过抖音推销黑茶，帮助茶企茶农拓展销路，被称为"网红县长"。歌手唐艺，抖音粉丝高达3500万，2022年两次回安化爱心助学捐赠。她还成立了"唐艺大舞台"，许多年轻的草根歌手在其舞台上初试歌喉，"唐老板"不仅壮大了声势，也为年轻人提供了机会。"唐艺大舞台"就是一种新型的数字文艺平台，也是一种市场联结的新型文艺团体，曾经在街头卖艺的唐艺华丽转身，成为新型数字经济企业家。过去党和政府送戏下乡，慰问农民或老同志，官方为此费力安排，受众面却相当有限，现在无处不在、随时可得的直播才艺平台，满足了不同偏好的消费者需求，尤其是居家老人，包括空巢老人。"音乐人林灵"的听众中，60%是五十岁以上具有消费力的群体，数字平台促进了再分配，刺激了消费。

数字平台跨越国界，纽约、波兰等世界各地的外籍中文歌手在视频号中大显身手，更不用说哈佛、剑桥等名校学生提供价廉物美的英语教学直播，其他各种学习平台，丰富多样，不一而足，叹为观止。

三

数字经济带来的变化是全方位的，将深刻影响我国市场经济的发展与制度体系建设。本书 8 篇讲稿从不同角度，进行了前沿性探讨，我再从数字经济催发信用发展的角度略述一二。

市场经济的本质是合作与信用，经历了漫长的演化过程。中国传统的朴素信用观念源远流长，但现代市场经济的制度基础个人信用体系仍处于建设过程之中。在转型期，国人常苦于市场欺诈与假冒伪劣，为此痛心疾首。有学者甚至归咎于民族特性，福山《信任》一书就是其典型。事实上，德国造、东洋货在历史上也曾经是假冒伪劣的代名词。而更早的 19 世纪前期，美国纽约等地亦饱受市场欺诈之苦，Lewis Tappen 先是通过派发圣经苦苦相劝，自然无济于事。于是他收集交易商的黑材料，转手卖给外来的商人，广受欢迎，后来发展成为美国征信公司邓白氏（D&B）。征信公司日渐增多，竞争促进了行业的扩大与规范，美国个人信用体系由此逐渐走向成熟。这是一个长期的演化过程，数字经济带来了可能的后发优势，可望加快信用体系成熟的进程。

数字经济在中国十余年间便催生出了新的征信机制。开始时，淘宝平台遇到了远程交易的问题，买方担心付款后卖方不发货，而卖方也担心发货后收不到款。于是，2004 年第三方支付平台支付宝开始运行，由支付宝承担买卖双方的风险。数字交易留痕为信用评价提供了便利的技术手段。芝麻信用应运而生，它是基于支付宝等阿里巴巴的电商交易数据和蚂蚁金服的互联网金融数据，对海量信息数据的综合处理和评估而形成的征信体系。芝麻信用作为民间征信，2015 年初获得央行批准开始运行。当年，新加坡签证采纳了芝麻信用，700 分以上用户有机会便捷签证，随后，芝麻信用也成为加拿大、美国、韩国等国签证的便捷材料。

腾讯征信、滴滴打车信用之类还有不少，随处可见。在数字经济下，数据更容易获取、加工与开发，并以其网络化共享和实时性衡量及评判而呈现边际递增效用。数据与信用体系能有效克服信息不对称，降低交易成本，激发市场交易手段，而且具有自我扩张的特征，从而激发市场需求与产品供给。

数据要素与数字经济无处不在，清华同事们的国际一流成果将为读者打开一扇扇通往现实观察和理论解释的窗口。

清华大学经济研究所教授
清华大学华商研究中心主任
孙冶方经济科学奖获得者

第一讲

数据要素按贡献参与分配的价值基础

主讲人：蔡继明

蔡继明，清华大学社会科学学院教授，院学术委员会副主任，政治经济学研究中心主任，美国哈佛大学富布莱特访问学者，十三届全国人大财经委员会委员，国家"十四五"规划专家委员会委员，国家新型城镇化规划专家委员，民进中央常委、民进中央经济委员会主任，最高人民法院特邀咨询员，享受国务院政府特殊津贴。曾任第九、十、十一届全国政协委员，全国政协经济委员会委员，第十二届全国人大代表，最高人民检察院特邀检察员。主要从事价值和收入分配理论、地租理论以及土地制度和城市化问题的研究。已发表300余篇学术论文，出版10部学术著作、10部教科书。

（扫码观看讲座视频）

内容提要

　　本讲首先回顾了改革开放以来我国分配制度的变革历程以及我国按生产要素贡献分配理论的创新历程，引出了生产要素按贡献参与分配的理论基础——广义价值论。该理论认为，单位商品的价值既取决于生产单位产品的劳动耗费，同时也取决于部门的综合生产力。广义价值论将使用价值的创造和价值的形成有机结合起来，单位商品的价值、单位劳动创造的价值以及部门总劳动创造的价值和综合生产力水平正相关，影响综合生产力水平的因素除了劳动之外，还有资本、土地、技术、管理以及知识、数据等非劳动因素，非劳动因素就是通过这种途径参与了价值创造。

　　数据要素通过数据的初始存量、前期收集处理数据耗费的劳动以及当期处理数据投入的劳动三种途径参与价值创造。基于此，本讲讨论了多种收集、开发和使用数据要素的实体参与分配的形式，比如从事数据分析的劳动者，一般的熟练劳动者得到按劳分配的工资；从事复杂劳动的工程技术人员通过获取年薪和特殊津贴等方式参与分配；从事数据收集、处理、开发的企业根据其生产函数对数据要素的贡献作出计算和评估，将其生产的数据产品和相关服务在市场中进行交易获得报酬。这些研究为我国数据要素市场的建立、数据参与分配的机制的完善以及最终数字经济的健康发展提供了理论依据。

一、前言：问题的提出

当今世界已进入数字经济时代。党的十八大以来，发展数字经济已提升为国家战略。数据要素是数字经济深化发展的核心引擎。党的十九届四中全会把数据与劳动、资本、土地、知识、技术、管理并列为第七大生产要素，并强调要健全由市场评价这些要素贡献、按贡献决定其报酬的机制。《"十四五"数字经济发展规划》更具体地提出要探索建立与数据要素价值和贡献相适应的收入分配机制，激发市场主体创新活力。

由此涉及的一些理论问题引起学术界的争论。

争论之一是数据要素按贡献参与分配的依据是什么？一种观点认为是要素所有权（吴星泽，2020[①]；黄立芳，2014[②]；王颂吉、李怡璇、高伊凡，2020[③]）；另一种观点认为是要素贡献（蒋永穆，2020[④]；戚聿东、刘欢欢，2020[⑤]）；还有一种观点从按劳分配与按生产要素分配相结合的角度出发，认为前者

---

① 吴星泽：《完善和深化要素认识，健全按要素贡献分配机制》，《审计与经济研究》2020 年第 1 期。
② 黄立芳：《大数据时代呼唤数据产权》，《法制博览》2014 年第 12 期。
③ 王颂吉、李怡璇、高伊凡：《数据要素的产权界定与收入分配机制》，《福建论坛（人文社会科学版）》2020 年第 12 期。
④ 蒋永穆：《数据作为生产要素参与分配的现实路径》，《国家治理》2020 年第 31 期。
⑤ 戚聿东、刘欢欢：《数字经济下数据的生产要素属性及其市场化配置机制研究》，《经济纵横》2020 年第 11 期。

依据的是贡献，后者依据的是所有权（戴双兴，2020①）。我一向认为，生产要素所有权只是要素所有者参与分配的法律依据，而分配的份额则取决于生产要素的贡献（蔡继明，2008②）。

争论之二是数据要素贡献的属性。一种观点认为是价值（张莉，2019③；庄子银，2020④）；另一种观点认为是使用价值（王颂吉、李怡璇、高伊凡，2020⑤），这种观点认为，数据要素可以提高劳动生产率，但并不直接创造价值，"直接创造价值"的观点是"三位一体"公式和"边际生产力"理论的翻版（王胜利、樊悦，2020⑥）。

以上不同观点的争论，其实所涉及的不只是数据要素参与分配的问题，除了劳动之外，资本、土地、技术、管理、知识和数据同属于非劳动要素，它们参与分配的依据是什么？或者说我国现阶段的分配原则、分配制度和分配机制是什么？所有生产要素（包括这些非劳动生产要素）参与分配的价值基础

---

① 戴双兴：《数据要素：主要特征、推动效应及发展路径》，《马克思主义与现实》2020 年第 6 期。
② 蔡继明：《从按劳分配到按生产要素贡献分配》，人民出版社 2008 年版。
③ 张莉：《资源、资产、资本：数据的价值》，《中国计算机报》2019 年 10 月28 日。
④ 庄子银：《数据的经济价值及其合理参与分配的建议》，《国家治理》2020年第 16 期。
⑤ 王颂吉、李怡璇、高伊凡：《数据要素的产权界定与收入分配机制》，《福建论坛（人文社会科学版）》2020 年第 12 期。
⑥ 王胜利、樊悦：《论数据生产要素对经济增长的贡献》，《上海经济研究》2020 年第 7 期。

是什么？具体到数据要素，它是否参与价值创造以及如何参与价值创造，数据要素参与分配的形式和机制是什么？

二、生产要素按贡献参与分配——从理论提出到原则确立、制度健全和机制完善

1. 社会主义初级阶段的确立与按劳分配为主、多种分配方式并存

改革开放前，从官方到坊间，都一致认为按劳分配才是社会主义的分配原则。党的十三大明确提出我国仍然处在社会主义初级阶段，初级阶段的分配不能是单纯的按劳分配了，而是按劳分配为主、多种分配方式并存。那么，多种分配方式都包括什么？其共性和本质规定是什么？这些问题亟待当时的理论界作出回答。

2. 生产要素按贡献参与分配理论的提出

正是在这一背景下，谷书堂、蔡继明（1988）① 率先提出按生产要素贡献参与分配是我国处于社会主义初级阶段可行的公平分配原则。30 多年来，该理论不断完善和发展，被越来越多的学者所认同。并且体现在一系列政策中，对于充分调动各生产要素所有者创造财富的积极性，从而提高社会生产力、促进经济持续稳定高质量发展具有重要的现实意义。

---

① 谷书堂、蔡继明：《论社会主义初级阶段的分配原则》，载沈一知主编：《理论纵横·经济篇》（上），河北人民出版社 1988 年版。

3. 生产要素按贡献参与分配原则的确立

党的十六大首先确立了生产要素按贡献参与分配的原则。党的十六大报告强调，要"理顺分配关系"，正式提出了"确立劳动、资本、技术和管理等生产要素按贡献参与分配的原则，完善按劳分配为主体、多种分配方式并存的分配制度"。

4. 生产要素按贡献参与分配制度的确立

党的十七大进一步确立了生产要素按贡献参与分配的制度。党的十七大报告提出"要坚持和完善按劳分配为主体、多种分配方式并存的分配制度，健全劳动、资本、技术、管理等生产要素按贡献参与分配的制度"。

5. 生产要素按贡献参与分配机制的完善

从党的十八大开始，党中央反复强调不断完善生产要素按贡献参与分配的机制。党的十八大报告首次提出，要"深化收入分配制度改革"，"完善劳动、资本、技术、管理等要素按贡献参与分配的初次分配机制"；党的十八届三中全会进一步指出这种初次分配机制的内涵："健全资本、知识、技术、管理等由要素市场决定的报酬机制"；党的十八届五中全会强调，要"优化劳动力、资本、土地、技术、管理等要素配置，完善市场评价要素贡献并按贡献分配的机制"；党的十九届四中全会则把数据纳入按贡献参与分配的生产要素范围，强调要"健全劳动、资本、土地、知识、技术、管理、数据等生产要素由市场评价贡献、按贡献决定报酬的机制"。

三、生产要素按贡献参与分配的价值基础

1. 分工交换产生于生产者对比较利益的追求

广义价值论认为，不同经济行为主体之间的分工交换是以比较利益的存在为前提。所谓比较利益（Comparative Benefit），就是生产者通过分工交换而得到的收益（效用）高于其所让渡的产品机会成本或自给自足时效用的差额。

设生产者 1 和生产者 2 均能分别生产产品 1 和产品 2[①]。如果双方通过专业化生产产品 1 和产品 2 并通过交换所得到的收益与各自的机会成本相等，这种交换就没有经济意义。由此，广义价值论作出假设 1：比较利益的存在是分工交换产生的必要条件。

对于由两个生产者和两种产品构成的经济体，假设 1 可以表示为[②]：

$$\begin{cases} x_2 t_{12} - x_1 t_{11} > 0; \ x_1 t_{21} - x_2 t_{22} > 0 \\ \qquad\qquad 或 \\ U_1^E - U_1^A > 0; \ U_2^E - U_2^A > 0 \end{cases} \qquad (1-1)$$

---

① 这里的生产者可以是个人、企业、地区、部门或国家。
② x 表示用于交换的产品数量，下标 1、2 分别对应产品 1 和产品 2；t_{i1} 和 t_{i2} 分别表示生产者 i 生产单位产品 1 和产品 2 的劳动耗费；U_i^A 和 U_i^E 分别表示生产者 i 自给自足和分工交换的效用。

2. 均衡价格比及贸易利益的分配是根据比较利益率均等原则确定的

比较利益（Comparative Benefit）是指交换产品数量超过以该产品表示的机会成本的余额，是绝对量。比较利益率（Rate of Comparative Benefit）是比较利益的相对量，定义为比较利益与机会成本的比率，产品 1 和产品 2 的比较利益率分别表示为 $\dfrac{x_2 t_{12} - x_1 t_{11}}{x_1 t_{11}}$ 和 $\dfrac{x_1 t_{21} - x_2 t_{22}}{x_2 t_{22}}$。

比较利益的存在是分工交换产生的原因和动力，由此提出假设 2：均衡价格的形成和贸易利益的分配是根据比较利益率均等原则确定的，用公式表示为：

$$\frac{x_2 t_{12} - x_1 t_{11}}{x_1 t_{11}} = \frac{x_1 t_{21} - x_2 t_{22}}{x_2 t_{22}} \qquad (1-2)$$

由此得出均衡价格比（相对价值）$R_{2/1}$ 为：

$$R_{2/1} = \frac{p_1^*}{p_2^*} = \frac{V_1^c}{V_2^c} = \frac{x_2}{x_1} = \sqrt{\frac{t_{11} t_{21}}{t_{12} t_{22}}} = \sqrt{\frac{q_{12} q_{22}}{q_{11} q_{21}}} = AP_{2/1} \qquad (1-3)$$

式（1-3）中的 $\sqrt{t_{11} t_{21}}$ 和 $\sqrt{t_{12} t_{22}}$ 分别为生产者 1 和生产者 2 生产两种产品部门必要劳动时间的几何平均，可以看作生产产品 1 和产品 2 的社会必要劳动时间，二者之比即两种产品的社会必要劳动时间之比。由于单位产品劳动耗费是单位劳动生产力的倒数，所以 $\sqrt{q_{12} q_{22}}$ 和 $\sqrt{q_{11} q_{21}}$ 分别为两个生产者生产两种商品劳动生产力的几何平均，可以分别看作产品 2 和产品 1 的社会平均生产力 AP_2 和 AP_1，二者之比即 $AP_{2/1}$ 为两种产品的社会平均生产力系数。由此可见，根据比较利益率均等原则确定的均衡交换比例同时等于两种产品的社会平均生产力之比。

根据式（1-3）得出定理 1：均衡价格比（相对价值）与两个生产者生产单位同一种产品所耗费劳动时间的几何平均之比正相关，与两个生产者生产同一种产品的生产力几何平均之比负相关。

3. 单位商品价值量 V_i^c（绝对价值）与生产该商品的绝对生产力负相关，与比较生产力正相关

根据等价交换原则有：

$$V_1^c x_1 = V_2^c x_2 \tag{1-4}$$

因为生产者 1 和生产者 2 为生产均衡交换量所需的劳动时间分别为 $x_1 t_{11}$ 和 $x_2 t_{22}$，则两个生产者用于交换的商品价值总量等于两者为此所投入的劳动总量：

$$V_1^c x_1 + V_2^c x_2 = x_1 t_{11} + x_2 t_{22} \tag{1-5}$$

通过式（1-2）、式（1-4）、式（1-5）可得单位商品价值量公式：

$$V_1^c = \frac{1}{2q_{11}}\left(1 + \frac{\sqrt{q_{11}q_{12}}}{\sqrt{q_{22}q_{21}}}\right) ; \ V_2^c = \frac{1}{2q_{22}}\left(1 + \frac{\sqrt{q_{21}q_{22}}}{\sqrt{q_{12}q_{11}}}\right) \tag{1-6}$$

将式（1-6）中两个生产者在两种产品上的绝对生产力的几何平均（$\sqrt{q_{11}q_{12}}$ 和 $\sqrt{q_{21}q_{22}}$）分别定义为两个生产者的综

合生产力（Comprehensive Productivity），两个生产者的综合生产力之比（$CP_{1/2} = \sqrt{q_{11}q_{12}/q_{21}q_{22}}$ 或 $CP_{2/1} = \sqrt{q_{21}q_{22}/q_{11}q_{12}}$）定义为综合生产力系数（Ratio of Comprehensive Productivity），单位商品价值量公式可简化为：

$$V_1^c = \frac{1}{2q_{11}}(1 + CP_{1,2}) ; \quad V_2^c = \frac{1}{2q_{22}}(1 + CP_{2,1}) \qquad （1-7）$$

进一步将两个生产者在两种不同产品上的生产力之比定义为比较生产力，例如 q_{11}/q_{22} 即生产者 1 在产品 1 上相对于生产者 2 在产品 2 上的比较生产力，q_{12}/q_{21} 即生产者 1 在产品 2 上相对于生产者 2 在产品 1 上的比较生产力。一个生产者在特定产品上比较生产力的高低，根据两个产品综合生产力之比即综合生产力系数来确定。

由式（1-7）可以推出定理 2：单位商品价值量（绝对价值）与其比较生产力正相关，与绝对生产力负相关。

4. 单位劳动创造的价值量 V_i^t 与其比较生产力正相关

单位劳动创造的价值总量 V_i^t 等于单位劳动产量乘以单位商品价值，即 $V_1^t = q_{11}V_1^c$，$V_2^t = q_{22}V_2^c$，代入式（1-7）得：

$$V_1^t = q_{11}V_1^c = \frac{1}{2}(1 + CP_{1,2}) ; \quad V_2^t = q_{22}V_2^c = \frac{1}{2}(1 + CP_{2,1})$$

$$（1-8）$$

由式（1-8）可以推出定理 3：单位劳动创造的价值量 V_i^t 与其比较生产力正相关：比较生产力高的生产者单位劳动创造的价值量大于比较生产力低的生产者，其单位商品价值量大于所包含的劳动量；反之，对于比较生产力低的生产者，其单位商品价值量小于所包含的劳动量。

5. 部门总价值量与比较生产力正相关

对于生产者，其总价值量等于总劳动量 T 乘以单位劳动创造的价值总量 V_i^t：

$$V_1 = T_1 V_1^t = T_1 \frac{1}{2}(1 + CP_{1,2}) \ ; \quad V_2 = T_2 V_2^t = T_2 \frac{1}{2}(1 + CP_{2,1})$$

$$(1-9)$$

6. 综合生产力（比较生产力）由两部门经济中的四种绝对生产力 q_{11}、q_{12}、q_{22}、q_{21} 共同决定

对式（1-9）全微分得：

$$\begin{cases} dV_1 = \dfrac{1}{4} T_1 CP_{1/2}\left(\dfrac{dq_{11}}{q_{11}} + \dfrac{dq_{12}}{q_{12}} - \dfrac{dq_{22}}{q_{22}} - \dfrac{dq_{21}}{q_{21}} \right) \\[4mm] dV_2 = \dfrac{1}{4} T_2 CP_{2/1}\left(\dfrac{dq_{22}}{q_{22}} + \dfrac{dq_{21}}{q_{21}} - \dfrac{dq_{11}}{q_{11}} - \dfrac{dq_{12}}{q_{12}} \right) \end{cases} \quad (1-10)$$

7. 绝对生产力是由多种生产要素决定的

绝对生产力即马克思所说的劳动生产力，它是由工人的平均熟练程度，科学的发展水平和它在工艺上应用的程度，生产过程的社会结合，生产资料的规模和效能，以及自然条件[①]等五个因素决定的，这五个因素可依次概括为劳动、资本、技术、管理和土地，按照党的十九届四中全会确认的七大生产要

———————

① 《马克思恩格斯全集》第 23 卷，人民出版社 1972 年版，第 53 页。

素，我们可以再加上知识和数据。

令部门 i 的劳动、资本、土地、管理、技术、知识、数据投入分别为 L_i、K_i、N_i、E_i、T_i、Z_i、D_i，且产品 j 的生产函数 $Q_{ij}(L_i，K_i，N_i，E_i，T_i，Z_i，D_i)$ 为一阶齐次，则部门 i 在产品 j 上的绝对生产力 q_{ij} 为零阶齐次，可表示为：

$$q_{ij} = q_{ij}(L_i，K_i，N_i，E_i，T_i，Z_i，D_i) = \frac{Q_{ij}}{L_i}\,(i，j=1，2)$$

$$(1\text{-}11)$$

对式（1-11）全微分后有：

$$dq_{ij} = q_{ij}^{L_i}dL_i + q_{ij}^{K_i}dK_i + q_{ij}^{N_i}dN_i + q_{ij}^{E_i}dE_i + q_{ij}^{T_i}dT_i + q_{ij}^{Z_i}dZ_i +$$
$$q_{ij}^{D_i}dD_i \qquad (1\text{-}12)$$

根据两部门模型假设，两部门所使用的各种生产要素总量是给定的，则：

$$h_1 + h_2 = \bar{h} \Rightarrow dh_1 = -dh_2(h = L，K，N，E，T，Z，D)$$

$$(1\text{-}13)$$

由式（1-12）、式（1-13）可得：

$$\begin{cases} dq_{11}/q_{11} = \sum_{h_1} q_{11}^{h_1}dh_1/q_{11} = -\sum_{h_2} q_{11}^{h_1}dh_2/q_{11} \\[2mm] dq_{12}/q_{12} = \sum_{h_1} q_{12}^{h_1}dh_1/q_{12} = -\sum_{h_2} q_{12}^{h_1}dh_2/q_{12} \\[2mm] dq_{21}/q_{21} = \sum_{h_2} q_{21}^{h_2}dh_2/q_{21} = -\sum_{h_1} q_{21}^{h_2}dh_1/q_{21} \\[2mm] dq_{22}/q_{22} = \sum_{h_2} q_{22}^{h_2}dh_2/q_{22} = -\sum_{h_1} q_{22}^{h_2}dh_1/q_{22} \end{cases} \qquad (1\text{-}14)$$

8. 由各种生产要素的变动引起的部门绝对生产力的变动，进一步引起综合生产力（比较生产力）的变动，进而引起部门总价值量的变动

将式（1-14）代入式（1-10），有：

$$\begin{cases} dV_1 = \dfrac{1}{4} T_1 CP_{1/2} \sum\limits_{h_1} \left(\dfrac{q_{11}^{h_1}}{q_{11}} + \dfrac{q_{12}^{h_1}}{q_{12}} + \dfrac{q_{21}^{h_2}}{q_{21}} + \dfrac{q_{22}^{h_2}}{q_{22}} \right) dh_1 \\[4mm] dV_2 = \dfrac{1}{4} T_2 CP_{2/1} \sum\limits_{h_2} \left(\dfrac{q_{22}^{h_2}}{q_{22}} + \dfrac{q_{21}^{h_2}}{q_{21}} + \dfrac{q_{11}^{h_1}}{q_{11}} + \dfrac{q_{12}^{h_1}}{q_{12}} \right) dh_2 \end{cases} \quad (1-15)$$

9. 各生产要素对两部门价值总量的边际贡献

$$\begin{cases} dV_1 = \dfrac{1}{4} T_1 CP_{1/2} \left(\dfrac{q_{11}^{L_1}}{q_{11}} + \dfrac{q_{12}^{L_1}}{q_{12}} + \dfrac{q_{21}^{L_2}}{q_{21}} + \dfrac{q_{22}^{L_2}}{q_{22}} \right) \\[4mm] dV_1 = \dfrac{1}{4} T_1 CP_{1/2} \left(\dfrac{q_{11}^{K_1}}{q_{11}} + \dfrac{q_{12}^{K_1}}{q_{12}} + \dfrac{q_{21}^{K_2}}{q_{21}} + \dfrac{q_{22}^{K_2}}{q_{22}} \right) \\[4mm] dV_1 = \dfrac{1}{4} T_1 CP_{1/2} \left(\dfrac{q_{11}^{N_1}}{q_{11}} + \dfrac{q_{12}^{N_1}}{q_{12}} + \dfrac{q_{21}^{N_2}}{q_{21}} + \dfrac{q_{22}^{N_2}}{q_{22}} \right) \\[4mm] dV_1 = \dfrac{1}{4} T_1 CP_{1/2} \left(\dfrac{q_{11}^{E_1}}{q_{11}} + \dfrac{q_{12}^{E_1}}{q_{12}} + \dfrac{q_{21}^{E_2}}{q_{21}} + \dfrac{q_{22}^{E_2}}{q_{22}} \right) \\[4mm] dV_1 = \dfrac{1}{4} T_1 CP_{1/2} \left(\dfrac{q_{11}^{T_1}}{q_{11}} + \dfrac{q_{12}^{T_1}}{q_{12}} + \dfrac{q_{21}^{T_2}}{q_{21}} + \dfrac{q_{22}^{T_2}}{q_{22}} \right) \\[4mm] dV_1 = \dfrac{1}{4} T_1 CP_{1/2} \left(\dfrac{q_{11}^{Z_1}}{q_{11}} + \dfrac{q_{12}^{Z_1}}{q_{12}} + \dfrac{q_{21}^{Z_2}}{q_{21}} + \dfrac{q_{22}^{Z_2}}{q_{22}} \right) \\[4mm] dV_1 = \dfrac{1}{4} T_1 CP_{1/2} \left(\dfrac{q_{11}^{D_1}}{q_{11}} + \dfrac{q_{12}^{D_1}}{q_{12}} + \dfrac{q_{21}^{D_2}}{q_{21}} + \dfrac{q_{22}^{D_2}}{q_{22}} \right) \end{cases} \quad (1-16a)$$

$$\begin{cases} dV_2 = \dfrac{1}{4}T_2 CP_{2/1}\left(\dfrac{q_{22}^{L_2}}{q_{22}} + \dfrac{q_{21}^{L_2}}{q_{21}} + \dfrac{q_{11}^{L_1}}{q_{11}} + \dfrac{q_{12}^{L_1}}{q_{12}}\right) \\[3mm] dV_2 = \dfrac{1}{4}T_2 CP_{2/1}\left(\dfrac{q_{22}^{K_2}}{q_{22}} + \dfrac{q_{21}^{K_2}}{q_{21}} + \dfrac{q_{11}^{K_1}}{q_{11}} + \dfrac{q_{12}^{K_1}}{q_{12}}\right) \\[3mm] dV_2 = \dfrac{1}{4}T_2 CP_{2/1}\left(\dfrac{q_{22}^{N_2}}{q_{22}} + \dfrac{q_{21}^{N_2}}{q_{21}} + \dfrac{q_{11}^{N_1}}{q_{11}} + \dfrac{q_{12}^{N_1}}{q_{12}}\right) \\[3mm] dV_2 = \dfrac{1}{4}T_2 CP_{2/1}\left(\dfrac{q_{22}^{E_2}}{q_{22}} + \dfrac{q_{21}^{E_2}}{q_{21}} + \dfrac{q_{11}^{E_1}}{q_{11}} + \dfrac{q_{12}^{E_1}}{q_{12}}\right) \\[3mm] dV_2 = \dfrac{1}{4}T_2 CP_{2/1}\left(\dfrac{q_{22}^{T_2}}{q_{22}} + \dfrac{q_{21}^{T_2}}{q_{21}} + \dfrac{q_{11}^{T_1}}{q_{11}} + \dfrac{q_{12}^{T_1}}{q_{12}}\right) \\[3mm] dV_2 = \dfrac{1}{4}T_2 CP_{2/1}\left(\dfrac{q_{22}^{Z_2}}{q_{22}} + \dfrac{q_{21}^{Z_2}}{q_{21}} + \dfrac{q_{11}^{Z_1}}{q_{11}} + \dfrac{q_{12}^{Z_1}}{q_{12}}\right) \\[3mm] dV_2 = \dfrac{1}{4}T_2 CP_{2/1}\left(\dfrac{q_{22}^{D_2}}{q_{22}} + \dfrac{q_{21}^{D_2}}{q_{21}} + \dfrac{q_{11}^{D_1}}{q_{11}} + \dfrac{q_{12}^{D_1}}{q_{12}}\right) \end{cases} \tag{1-16b}$$

10. 将两部门总劳动创造的价值量表示成函数形式

$$\begin{cases} V_1 = F_1(\underset{(+)}{L_1},\ \underset{(+)}{K_1},\ \underset{(+)}{N_1},\ \underset{(+)}{E_1},\ \underset{(+)}{T_1},\ \underset{(+)}{Z_1},\ \underset{(+)}{D_1}) \\ V_2 = F_2(\underset{(+)}{L_2},\ \underset{(+)}{K_2},\ \underset{(+)}{N_2},\ \underset{(+)}{E_2},\ \underset{(+)}{T_2},\ \underset{(+)}{Z_2},\ \underset{(+)}{D_2}) \end{cases} \tag{1-17}$$

式（1-17）中各生产要素下方的符号代表其对价值函数的影响方向。

11. 设 V_1、V_2 皆有连续的二阶偏导数存在，则在 $(L_1, K_1, N_1, E_1, T_1, Z_1, D_1) = (L_1^o, K_1^o, N_1^o, E_1^o, T_1^o, Z_1^o, D_1^o)$ 和 $(L_2, K_2, N_2, E_2, T_2, Z_2, D_2) = (L_2^o, K_2^o, N_2^o,$

E_2^o，T_2^o，Z_2^o，D_2^o）的点（O）附近分别对 V_1、V_2 进行一阶泰勒展开，其中 V_i^h 是 V_i 对 h 的偏导数

$$
\begin{cases}
\begin{aligned}
V_1 = {} & V_1(O) + V_1^{L_1}(O) \cdot (L_1 - L_1^o) + V_1^{K_1}(O) \cdot (K_1 - K_1^o) + \\
& V_1^{N_1}(O) \cdot (N_1 - N_1^o) + V_1^{E_1}(O) \cdot (E_1 - E_1^o) + V_1^{T_1}(O) \cdot \\
& (T_1 - T_1^o) + V_1^{Z_1}(O) \cdot (Z_1 - Z_1^o) + V_1^{D_1}(O) \cdot (D_1 - D_1^o) + \\
& R_1(L_1, K_1, N_1, E_1, T_1, Z_1, D_1)
\end{aligned} \\
\begin{aligned}
V_2 = {} & V_2(O) + V_2^{L_2}(O) \cdot (L_2 - L_2^o) + V_2^{K_2}(O) \cdot (K_2 - K_2^o) + \\
& V_2^{N_2}(O) \cdot (N_2 - N_2^o) + V_2^{E_2}(O) \cdot (E_2 - E_2^o) + V_2^{T_2}(O) \cdot \\
& (T_2 - T_2^o) + V_2^{Z_2}(O) \cdot (Z_2 - Z_2^o) + V_2^{D_2}(O) \cdot (D_2 - D_2^o) + \\
& R_2(L_2, K_2, N_2, E_2, T_2, Z_2, D_2)
\end{aligned}
\end{cases}
$$

（1-18）

（1）如果展开点选得足够好的话，在（L_1，K_1，N_1，E_1，T_1，Z_1，D_1）$\rightarrow$（L_1^o，K_1^o，N_1^o，E_1^o，T_1^o，Z_1^o，D_1^o）和（L_2，K_2，N_2，E_2，T_2，Z_2，D_2）$\rightarrow$（L_2^o，K_2^o，N_2^o，E_2^o，T_2^o，Z_2^o，D_2^o）的同时，R_1、$R_2 \rightarrow 0$，则：

$$
\begin{cases}
\begin{aligned}
V_1 = {} & V_1(O) + V_1^{L_1}(O) \cdot \Delta L_1 + V_1^{K_1}(O) \cdot \Delta K_1 + V_1^{N_1}(O) \cdot \Delta N_1 + \\
& V_1^{E_1}(O) \cdot \Delta E_1 + V_1^{T_1}(O) \cdot \Delta T_1 + V_1^{Z_1}(O) \cdot \Delta Z_1 + V_1^{D_1}(O) \cdot \Delta D_1
\end{aligned} \\
\begin{aligned}
V_2 = {} & V_2(O) + V_2^{L_1}(O) \cdot \Delta L_2 + V_2^{K_1}(O) \cdot \Delta K_2 + V_2^{N_1}(O) \cdot \Delta N_2 + \\
& V_2^{E_1}(O) \cdot \Delta E_2 + V_2^{T_1}(O) \cdot \Delta T_2 + V_2^{Z_1}(O) \cdot \Delta Z_2 + V_2^{D_1}(O) \cdot \Delta D_2
\end{aligned}
\end{cases}
$$

（1-19）

（2）当 $(L_1, K_1, N_1, E_1, T_1, Z_1, D_1, L_2, K_2, N_2, E_2, T_2, Z_2, D_2) \rightarrow (L_1^o, K_1^o, N_1^o, E_1^o, T_1^o, Z_1^o, D_1^o, L_2^o, K_2^o, N_2^o, E_2^o, T_2^o, Z_2^o, D_2^o)$ 时， $\Delta V_i = V_i - V_i(O)$，所以式（1-19）可化为：

$$
\begin{cases}
\Delta V_1 = V_1^{L_1}(O) \cdot \Delta L_1 + V_1^{K_1}(O) \cdot \Delta K_1 + V_1^{N_1}(O) \cdot \Delta N_1 + V_1^{E_1} \\
\qquad (O) \cdot \Delta E_1 + V_1^{T_1}(O) \cdot \Delta T_1 + V_1^{Z_1}(O) \cdot \Delta Z_1 + V_1^{D_1}(O) \cdot \Delta D_1 \\
\Delta V_2 = V_2^{L_1}(O) \cdot \Delta L_2 + V_2^{K_1}(O) \cdot \Delta K_2 + V_2^{N_1}(O) \cdot \Delta N_2 + V_2^{E_1} \\
\qquad (O) \cdot \Delta E_2 + V_2^{T_1}(O) \cdot \Delta T_2 + V_2^{Z_1}(O) \cdot \Delta Z_2 + V_2^{D_1}(O) \cdot \Delta D_2
\end{cases}
$$

$$(1-20)$$

12. 各类生产要素对于价值 V_i 的贡献的比例，等于各类生产要素对于部门价值增量 ΔV_i 的贡献的比例

$$
\frac{V_i^{h_i}(O)h_i}{\displaystyle\sum_{\{h=L, K, N, E, T, Z, D\}} V_i^{h_i}(O)h_i} = \frac{V_i^{h_i}(O)\Delta h_i}{\Delta V_i} \tag{1-21}
$$

13. 由此得到各部门各类生产要素对部门总价值贡献的份额等于投入各部门的各类生产要素对于价值边际增量贡献的比例乘以总的价值，见表 1-1。

表 1-1　部门总价值中各类生产要素的贡献

	部门 1	部门 2
劳动	$\dfrac{V_1^{L_1}(O)\Delta L_1}{\Delta V_1}V_1$	$\dfrac{V_2^{L_2}(O)\Delta L_2}{\Delta V_2}V_2$

	部门 1	部门 2
资本	$\dfrac{V_1^{K_1}(O)\Delta K_1}{\Delta V_1}V_1$	$\dfrac{V_2^{K_2}(O)\Delta K_2}{\Delta V_2}V_2$
土地	$\dfrac{V_1^{N_1}(O)\Delta N_1}{\Delta V_1}V_1$	$\dfrac{V_2^{N_2}(O)\Delta N_2}{\Delta V_2}V_2$
管理	$\dfrac{V_1^{E_1}(O)\Delta E_1}{\Delta V_1}V_1$	$\dfrac{V_2^{E_2}(O)\Delta E_2}{\Delta V_2}V_2$
技术	$\dfrac{V_1^{T_1}(O)\Delta T_1}{\Delta V_1}V_1$	$\dfrac{V_2^{T_2}(O)\Delta T_2}{\Delta V_2}V_2$
知识	$\dfrac{V_1^{Z_1}(O)\Delta Z_1}{\Delta V_1}V_1$	$\dfrac{V_2^{Z_2}(O)\Delta Z_2}{\Delta V_2}V_2$
数据	$\dfrac{V_1^{D_1}(O)\Delta D_1}{\Delta V_1}V_1$	$\dfrac{V_2^{D_2}(O)\Delta D_2}{\Delta V_2}V_2$

14. 单位要素的价值即要素所有者的报酬

将各类生产要素的价值贡献总量除以该生产要素总量，即得到单位生产要素的贡献份额即该要素所有者的报酬，如表1-2 所示。

表1-2 单位生产要素的贡献份额（要素所有者的报酬）

	部门 1	部门 2
劳动	$\dfrac{V_1^{L_1}(O)V_1}{\Delta V_1}\dfrac{\Delta L_1}{L_1}$	$\dfrac{V_2^{L_2}(O)V_2}{\Delta V_2}\dfrac{\Delta L_2}{L_2}$
资本	$\dfrac{V_1^{K_1}(O)V_1}{\Delta V_1}\dfrac{\Delta K_1}{K_1}$	$\dfrac{V_2^{K_2}(O)V_2}{\Delta V_2}\dfrac{\Delta K_2}{K_2}$

	部门 1	部门 2
土地	$\dfrac{V_1^{N_1}(O)V_1}{\Delta V_1}\ \dfrac{\Delta N_1}{N_1}$	$\dfrac{V_2^{N_2}(O)V_2}{\Delta V_2}\ \dfrac{\Delta N_2}{N_2}$
管理	$\dfrac{V_1^{E_1}(O)V_1}{\Delta V_1}\ \dfrac{\Delta E_1}{E_1}$	$\dfrac{V_2^{E_2}(O)V_2}{\Delta V_2}\ \dfrac{\Delta E_2}{E_2}$
技术	$\dfrac{V_1^{T_1}(O)V_1}{\Delta V_1}\ \dfrac{\Delta T_1}{T_1}$	$\dfrac{V_2^{T_2}(O)V_2}{\Delta V_2}\ \dfrac{\Delta T_2}{T_2}$
知识	$\dfrac{V_1^{Z_1}(O)V_1}{\Delta V_1}\ \dfrac{\Delta Z_1}{Z_1}$	$\dfrac{V_2^{Z_2}(O)V_2}{\Delta V_2}\ \dfrac{\Delta Z_2}{Z_2}$
数据	$\dfrac{V_1^{D_1}(O)V_1}{\Delta V_1}\ \dfrac{\Delta D_1}{D_1}$	$\dfrac{V_2^{D_2}(O)V_2}{\Delta V_2}\ \dfrac{\Delta D_2}{D_2}$

四、数据要素参与价值创造的机理

人们常常把使用价值的创造和价值的创造截然地分开，好像使用价值是人与自然的关系，价值才是人与人的关系。创造使用价值的因素，不一定是决定价值的因素。比如，威廉·配第曾讲过"土地是财富之母，劳动是财富之父"。马克思也曾批评《哥达纲领》把劳动视为一切财富的源泉，指出自然界和劳动同样也是使用价值的源泉。问题在于，在商品经济条件下，使用价值是不能够直接用来进行交换的，它一定要采取价值的形式。因此决定使用价值的因素必然会同时成为影响价值的因素。

广义价值论把使用价值的创造和价值的形成有机地结合起来。具体地说，就是各个部门所使用的各类生产要素的数量不同、质量不同以及变动的幅度不同，都会引起绝对生产力的变动。绝对生产力的变动并不是像新古典价值理论那样，通过边际生产力直接决定要素的价格。根据广义价值论，绝对生产力的变动会导致部门平均生产力和综合生产力变动，然后根据比较利益率均等原则，影响双方的均衡交换比例。从均衡的交换比例中，我们再抽象出商品的价值。由此得出结论：单位商品的价值、单位劳动创造的价值以及部门总劳动创造的价值，是与部门的综合生产力（以及相应的比较生产力）正相关的，而影响综合生产力水平的除了劳动因素之外，还有资本、土地、技术、管理、知识和数据等非劳动因素。因此，非劳动因素就是通过这样的途径参与了价值的创造，这就是各种生产要素参与价值创造的一个机理。

我们知道，如果投入劳动、土地、资本，劳动生产率就可以提高。除了上述生产要素，之所以还要使用数据，是因为数据有助于提高劳动生产力。数据提高劳动生产力主要通过以下几个途径：

一是初始数据，如果一个消费者不经意中参与了一种消费活动，有关其消费的数据就被网络平台所收集，从而对其他厂商的决策产生一定的正效应。数据的初始存量会直接影响到价值的创造。

二是企业在生产过程中会把它的资源，包括土地、资本、劳动，分解出一部分用于收集处理数据，这样在本期的生产过程中，就创造了更多的价值。本期为收集和处理数据投入的劳动，到了下一期就成了一个存量，相当于一个物化劳动的积累，类似剩余价值的资本化。

我国人口众多，初始的数据存量巨大，这是我国的比较优势。但是，我们不能依赖这种先天的比较优势坐享其成，因为初始的数据存量和已经积累的物化劳动的边际生产力是递减的，也就是说数据要素存量是要折旧的，因此我们还要不断地投入新的劳动。前期收集处理的数据所花费的劳动以及当期处理数据所花费的劳动可以为企业提供重要的决策信息，耗费的劳动越多，企业的生产力水平就会越高。

三是数据要素的正外部性。一个生产者、一个生产部门乃至一个国家，在某一种产品上收集处理数据，会对另外的产品施加正向的影响。例如，我国在出口产品上数据要素的投入，一方面会强化我国的比较优势，另一方面也会弱化我国的比较劣势，与进口产品相关的部门，其生产力水平也会相应地提高。因此，在通过数据的收集积累强化我国的比较优势的同时，也会提高比较劣势部门的劳动生产力，最终提高我国的综合生产力水平。随着综合生产力水平的提高，单位平均劳动就可以创造更多的价值。我们可以回想改革开放后的 30 年间，中国实际 GDP 保持了 9.6% 左右的年均增速，而同期就业人口年均增速仅为1.4%左右，其中一个很重要的因素就是在劳动总量没有大幅度增加的情况下，我国的技术水平、知识水平提高了，而在技术水平、知识水平提高的过程中，数据要素发挥了重要的作用，这就是数据要素参与价值创造的方式。

五、数据要素参与分配的形式和机制

1. 个人的数据要素参与分配的形式。在参与日常的经济、社交活动时，你的数据就可能被一些平台公司所收集，即你提供了数据要素，而你很可能是通过享受企业提供的各种服务的方式得到提供数据要素的报酬。

2. 独立从事收集分析处理数据、编制相关信息的工作经营的个体工商户或自由职业者，可能通过两种途径参与分配。其一是把经过劳动加工后的数据产品直接在数据市场上销售出去，获得一个合理的收入，这属于劳动报酬；其二是把这些数据当作要素出租、出价、入股到企业，获取租金、利润分成、股息以及期权，由此获得相应的数据要素的报酬。

3. 受雇于数据生产企业，专门从事数据分析处理的雇佣劳动者或职业技术人员，如果是一个从事简单操作的劳动者，他得到的是简单劳动的工资；如果是一个工程技术人员，具有比较复杂的劳动，受过专门的训练，他得到的报酬就是复杂劳动的工资，很可能还能得到一些特殊的津贴或者是年薪。

4. 使用数据进行生产经营的企业，这些企业生产进入日常消费的最终产品。在生产过程中，企业既利用了一些初始数据存量，又投入了新的劳动开发处理新的数据，最终把产品销售出去之后，用销售收入来支付前期购买数据要素支付的成本，同时也要支付本期生产中进行数据分析的劳动者的工资。

5. 专门从事数据收集、处理、开发的企业，这些企业会根据数据收集、分析、处理、开发、使用各个环节在价值链上对最终产品的价值贡献，对各环节员工进行分配。具体来说是通过销售数据产品的销售收入支付内部从事数据开发的人员的工资、租用土地的地租、前期购买的数据要素的成本、借贷资本的利息、管理者包括企业家的年薪和正常收入，如果除此之外还有余额，那就获得了经济利润或超额利润。另一种方式是将生产的数据作为生产要素再投入到生产过程中，包括出租、出让、入股、与其他企业合作，获取租金、利润、股息、期权等。

改革开放 40 余年来，我国的收入分配制度发生了根本的变化，构成分配制度和分配理论基础的价值理论，争议是最大的。每当一种新的生产要素参与分配，理论界都会掀起一轮新的讨论，也就是说创造价值的因素到底仅仅是活劳动，还是也包括物化劳动，包括技术、管理、土地、知识以及数据，这些问题都是经济学者必须面对和需要解决的问题。我期待着同行专家和读者与我们一起推进理论探讨，从而为我国数据要素市场的建立、数据要素按贡献参与分配以及数字经济的健康发展提供理论依据。

第二讲

数据确权和分类分级管理

主讲人：戎珂

戎珂，清华大学长聘教授、博士生导师，剑桥大学博士，国家社科基金重大项目首席专家，爱思唯尔（Elsevier）中国高被引学者；清华大学社会科学学院经济学研究所副所长；清华大学全球产业研究院副院长；清华大学创新发展研究院副院长。研究方向为商业/创新生态系统、数字经济和数据生态。主持国家社科基金重大项目、国家自然科学基金、国家高端智库、英国学会（British Academy）、华为、中国电子、字节跳动和腾讯等支持的研究项目。担任数字经济杂志（*Journal of Digital Economy*）主编。

（扫码观看讲座视频）

内容提要

当前，以数字经济为基础的竞赛在全球同步上演，作为倡导数字经济发展的新兴经济体，中国已将发展数字经济上升为国家战略。本讲首先分析了数字经济系统的构成和数字经济发展的趋势，介绍了研究数据要素的时代背景。数据要素是数字经济发展的核心，建立数据要素市场体系，是我国未来几年发展数字经济的重点和难点，研究数据要素和数据确权，对我国数字经济发展具有重要意义。

随后，介绍了数据产生的主要来源以及数据要素的国际立场和国内背景。未来大量的数据将来自 TO B 端的工业互联网。对于这些大量的数据，美国倡导数据自由主义，反对数据本地化；欧洲和俄罗斯则倡导数据保护主义，强势推动数据本地化；中国对数据要素使用的观点则可用"数据发展主义"概括：要求数据本地化，并在保证数据安全的前提下，兼顾对数据跨界流动的需要，支持数据自由流动。数据要素是未来数字经济时代的第一生产要素，谁掌握数据要素，谁将引领该时代。

《"十四五"数字经济发展规划》明确提出，到 2025 年，数据要素市场体系初步建立。本讲介绍了数据要素市场的大背景和基本逻辑，并提出了建立数据要素流通市场的五条建议：积极培育伙伴（数据生态）、基于场景确权（数据确权）、授权分类分级（数据授权）、内外分级治理（数据市场）和清晰规范流通（数据组织）。

　　发展和利用数据要素不能局限于数据要素本身，更需要建立完善的数字经济生态。在未来数字经济生态的竞争与合作中，中国需要让 TO C 端消费互联网更健康，让 TO B 端工业互联网落地，需要自主可控、开放兼容的数字技术和安全流通的数据要素。面对数字全球化下的新格局、新组织、新要素和新产品，数字基础设施是托起数据要素的底座，具体而言，中国要建立自主开放、兼容（以美国为首的）第一生态的生态，在数字经济时代建立起商业生态信任，加强自身的经济韧性，输出平台或生态型产品。

数据确权和数据管理是数据治理的重点，也是数据要素市场化要解决的难点。一般而言，生产要素市场化有三个关键问题：第一，要有明晰的产权；第二，需要多样化的交易形式；第三，社会的监督和政府的管理。对数据要素而言，数据确权是为了解决数据到底属于谁的问题，数据管理是为了实现数据合规、安全、高效地流通、交易和使用。

一、数据治理的时代背景

数据要素是数字经济发展的基础，研究数据治理问题必须跳出数据本身，站在数字经济发展的大背景下看待。

（一）全球数字经济发展概况

当前，世界正处于数字经济全球化阶段，数字经济呈现全球竞合态势。世界上的主要国家，如北美洲的美国、加拿大，欧洲的德国、英国、俄罗斯，亚洲的日本、韩国，大洋洲的澳大利亚等都在积极制定和实践数字经济战略。作为倡导数字经济发展的新兴经济体，中国已经将发展数字经济上升为国家战略，并制定了《"十四五"数字经济发展规划》等政策文件。

2021年10月18日，习近平总书记在中共中央政治局第三十四次集体学习时再次强调，不断做强做优做大我国数字经济①，坚定了我国发展数字经济的决心。

表2-1　数字经济战略的全球竞合

国家	数字经济战略
美国	先进制造战略、工业互联网
德国	工业4.0、数字化战略
英国	2015—2018年数字经济战略
加拿大	数字加拿大150计划
澳大利亚	数字经济战略
日本	制造业白皮书
韩国	制造业创新3.0
俄罗斯	经济数字化转型战略
中国	"十四五"数字经济发展规划、工业互联网
巴西	效率巴西战略
沙特阿拉伯	"2030年愿景"助力数字化经济发展

综观新冠肺炎疫情暴发后的全球经济表现，数字经济发展势头仍然强劲，已经成为全球经济新的增长极。如图2-1所示，2015—2021年，数字经济的增速高于GDP增速以及第二产业和第三产业增速。未来，数字经济将成为我国经济逆势崛起的重要引擎。2021年颁布的《"十四五"数字经济发展规划》提出，到2025年数据要素市场体系初步建立，数据资源

---

① 习近平：《不断做强做优做大我国数字经济》，《求是》2022年第2期。

体系基本建成，利用数据资源推动研发、生产、流通、服务、消费全价值链协同。虽然在未来短短几年之间初步建立数据市场的难度较大，但如果能真正实现这个目标，将极大提升我国数字经济的国际竞争力。

（单位：%）

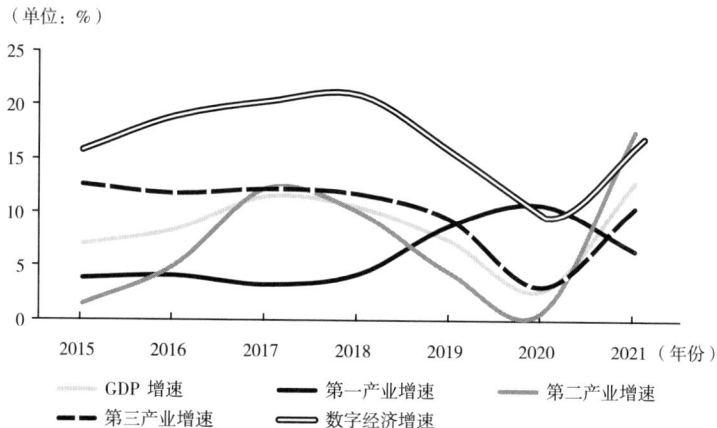

图 2-1　2015—2021 年中国数字经济与 GDP 及三次产业的增速比较

注：作者根据公开数据制作。

数据来源：中国国家统计局、中国信息通讯研究院。

（二）数字经济的整体架构

关于数字经济的内涵界定，很多人会感到疑虑，即生活中的网络消费、线下消费等各种形式消费是否属于数字经济。要回答这个问题，必须从整体上把握数字经济的架构。数字经济的架构包括两个部分，具体如图 2-2 所示。

第一部分称为技术层，包括数字芯片、操作系统、数据

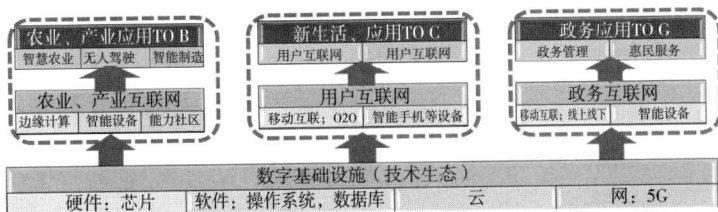

农业、产业应用TO B			新生活、应用TO C		政务应用TO G	
智慧农业	无人驾驶	智能制造	用户互联网	用户互联网	政务管理	惠民服务
农业、产业互联网			用户互联网		政务互联网	
边缘计算	智能设备	能力社区	移动互联；O2O	智能手机等设备	移动互联；线上线下	智能设备

数字基础设施（技术生态）			
硬件：芯片	软件：操作系统，数据库	云	网：5G

图 2-2　数字经济的架构

库、云计算、网络等。由于数据具有虚拟性特征，不能独立存在，必须附着在机器设备等上面，因此，要打造数字经济的生态，就必须首先建立优质的数字技术底座。在这一领域，中美竞争非常激烈，美国对华为的芯片断供和"卡脖子"等都是例证。

第二部分称为平台层和应用层，包括 TO B、TO C、TO G 三类平台领域（如图 2-2 虚框部分所示）。其中，TO C 端的平台与我们的日常生活息息相关，普通消费者也能够切身体会到与平台间的数据交流。这些平台主要有淘宝、抖音等一系列互联网平台。TO B 端的平台是我们日常生活中看不到，但关系到我国经济生产的关键领域，即工业互联网平台。我们认为，这一领域可能是下阶段我国数字经济或互联网经济发展的核心领域，也是推动我国从制造业大国向制造业强国迈进的关键，因为只有通过数字化，制造业才能真正形成万物互联的工业互联。TO G 端的平台主要指政务互联网，包括中央和地方政府的公共部门政务平台。

（三）数据要素市场与数据治理的未来方向

发展数字经济的另一个关键是建立数据要素市场。随着数字经济不断发展，数据作为一种"新型石油资源"，其价值逐渐凸显，生产函数也随之发生改变。数据的来源也主要分为TO C、TO B、TO G 三个领域。其中，对消费者而言，C 端数据来源相对熟悉，例如淘宝购物记录、抖音浏览记录、地图定位轨迹等。B 端数据主要来源于工业互联网，例如工厂的生产、货物、物流等数据。根据互联网数据中心（Internet Data Center，IDC）的预测，与消费者相比，企业要保护的数据更多，占需要保护数据总量的 85.6%。这说明 B 端的数据量远大于 C 端数据量。G 端数据主要基于政务服务采集和生成，随着各类服务的拓展和深入，数据量不断增加和迭代。

整体来看，数据要素存在于整个数字经济的全景生态里，包括 TO C、TO B、TO G 等。当前，C 端平台正在开展轰轰烈烈的反垄断治理行动，例如治理平台"用户二选一""大数据杀熟"等不利于数字经济健康可持续发展的行为。2021 年 6月 29 日出台《深圳经济特区数据条例》，2021 年 11 月 1 日《个人信息保护法》正式生效，自此，用户在互联网上的轨迹数据可以得到较好保护，但从个体到执行层面，各 APP 落实效果如何还有待考察。相对而言，B 端和 G 端的数据量要远大于 C 端，随着工业、政务方面的数据不断积累，还将有更多的数据需要规范管理和应用。目前，全世界工业互联网都在兴起和探索中，国际上尚没有哪个国家获得成功，对中国而言，这是一个趁势崛起的机会。

二、数据治理的国际比较

为促进数据要素的保护和流通，全球76%的国家已经或即将出台数据治理相关法律，其中最具影响力的数据治理模式主要有欧洲模式、美国模式、中国模式。

1. 欧洲实行数据保护主义。2016年，欧盟颁布《一般数据保护条例》（General Data Protection Regulation，GDPR），倡导个人数据绝对安全，非个人数据可开放共享。由于对数据要素流动的限制较强，导致欧盟在数据共享和应用方面处于滞后地位，如在改进产品方面的数据应用等。与欧洲相似的是日本，同样也因为对数据的严格保护阻碍了数据的价值释放。

2. 美国实行数据自由主义。美国是数字经济第一强国，主要依靠Facebook、Amazon、Google、Apple等多个跨国企业和机构在全球200多个国家和地区的布局，掌握了全世界大多数的数据。以Google为例，除中国、韩国等少数国家外，其他国家和地区基本上都使用Google的搜索引擎，因此美国可能掌握了其他40亿多人口的数据。对于已掌握的数据，美国倾向于将其转移到美国本土，以便于充分掌控世界各地信息并作出相应的决策，所以美国有强烈的动机来倡导数据的自由主义。相比之下，中国只有本国十几亿人口的数据，可以预见，中美之间的数据竞争将非常残酷。例如，美国人也喜欢通过短视频平台开展社交，当 Tik Tok（抖音国际版）在美国大受欢迎，并成为美国下载量排行榜第一的软件后，美国多个政府部门以"安全风险"为由对 Tik Tok 发起围猎，包括发布下架禁令、限期转让美国企业等。可见，虽然美国一直倡导数据自由流动，但却在与中国的数据竞争中实行了彻底的"双标"政策，"美国优先"才是美国的真正意图。

3. 中国倡导数据发展主义。中国一直重视数据要素应用，积极开展数据要素市场化的实践探索，如建立贵阳大数据交易所、北京国际大数据交易所，以及各个互联网平台企业的数据交易平台等。但由于数据要素市场尚未建立，所以中国首先确立数据市场的安全底座，颁布了《个人信息保护法》等法律法规。总体来看，中国是在保障数据安全的前提下倡导数据自由流通。

比较三种发展模式，美国基于世界第一数据强国的地位推崇数据自由主义，希望获取全世界更多数据；欧洲数字经济发展相对弱势，因而倾向于数据保护；中国处于美欧之间的第二方阵地位，倡导兼顾数据安全和应用。从全球数字经济和数据治理趋势看，中国方案将逐渐成为共识。

在数字经济时代，数据要素将成为第一生产要素，这是由数据的规模报酬递增特性和数据的自生长性决定的。基于经济形态历史更迭的规律，谁掌握时代的第一要素，谁就能引领这个时代。基于这一论断，虽然在工业经济时代美国长期占据世界第一的地位，但在数字经济时代美国是否能保住其世界第一的地位还未可知。因此，中国要尽快建立数据要素市场，抢占数字经济"弯道超车"的历史机遇。

三、数据治理面临的挑战和应对方案

在全球数字经济发展大潮背景下，中国积极开展数据治理实践。伴随着实践推进，数据治理面临的问题逐渐凸显，各方也开启了应对数据治理挑战的探索之路。

（一）数据治理面临的主要挑战

1. 用户权益受损严重

当前，互联网平台企业市场垄断能力强，用户主体议价能力弱，出现了"你的数据不一定是你的""你的数据不知道在哪里"等现象。更让用户困惑的是"为什么总是被某些广告骚扰""数据是何时以及被谁泄露的""数据是否创造了收益以及这些收益应该归属于谁"等问题。可见，用户不仅面临着个人隐私泄露风险，而且还没有得到应有的收益补偿。

2. 数据的正负双重外部性

数据具有非常显著的正负双重外部性。以 C 端数据为例，数据的负外部性主要指用户的敏感性，数据的正外部性主要指多维数据经过平台处理后能释放远超单一数据的价值，提供许多数据产品和服务。正是由于数据的双重外部性，导致数据交易同时面临着供给不足和需求旺盛的扭曲状态。

（二）应对数据治理挑战的可行方案

1. 建立安全高效的数据要素市场

在保障数据安全和用户隐私的前提下，大力推动数据的流通和应用。比如，在数据脱敏后，充分利用数据的非竞争性特征和可复制性特征，释放数据要素对提高生产力的价值倍增效应。再比如，面对数据的所有权不清晰问题，可以实行基于生成场景的数据确权方式，体现数据生成场景中各利益相关者的利益，进而通过数据分级授权促进数据要素流通，形成数据要素市场，让数据产生价值。

2. 倡导数据价值而非数据本身的流通

数据本身的交易会带来很多风险，除了数据安全和数据隐私问题外，还存在数据价值稀释的问题。数据具有可复制性，只要发生交易就很难控制它的未来，且数据价值会随着复制次数增多而逐渐降低。因此，很多企业不愿意分享数据，特别是原始数据，这便从供给端给数据市场的建立带来了巨大阻力。

基于此，可以倡导交易数据包含的信息而非数据本身，比如通过技术手段来约束数据价值损失的问题，进而促进数据流通和商业模式出现。

四、基于数据分类分级的数据要素市场化路径

针对数字经济和数据治理的背景，我们提出基于数据分类分级的数据要素市场化路径，包括积极培育数据生态、基于数据生成场景确权、数据分级授权、内外分级建立数据市场、建立数据治理组织规范流通五个方面。

（一）积极培育数据生态

当前包括数据的授权、采集、加工、定价、交易、利用等环节的完整价值链还没建立起来。虽然从数据交易所的交易规模来看，中国目前的数据交易非常少，但其实场外的数据产品交易常常被忽视。以公司之间的数据产品交易为例，腾讯用自己的 APP 获取数据为麦当劳分析和寻找一个可盈利的经营场所，类似这种交易就没有被纳入统计。由于目前的数据价值链尚未形成，数据生态中都是利益相关者的集群，因此还需要探究如何授权、采集、加工等，进而能根据不同的场景连接生产伙伴，形成不同的价值链、合适的商业模式以及一系列正反馈，最后逐渐形成数据要素市场。整体来看，目前的数据生态

比较凌乱，需要经过长时间的动态演化形成一个健康可持续的数据价值链和数据交易市场。

（二）基于数据生成场景确权

数据确权是数据价值链和数据市场建立的前提条件，若数据权属问题不解决，后续环节必然会伴随一系列的摩擦，如交易成本高、权益纠纷频发等。以淘宝购买记录数据为例，用户认为这些数据是自身行为产生的，因而归用户所有，但淘宝则认为这些数据是在平台上产生的，不完全属于用户，因此在用户和平台之间发生了权属纠纷。进一步，在权属不明前提下，这些数据事实上是淘宝在使用，而非用户在使用，进而在用户和平台之间又产生了对数据权益分配的纠纷问题。将这个问题发散来看，我们不禁要问，社会上各种组织和公司的数据到底归属哪一方？从自然界收集的数据政府要不要管？如果数据收集者付出了努力，这些数据是否就属于数据收集者？诚然，政府肯定不会允许个人收集北京市地铁站和军工等涉及国家安全的数据，但中国城市的天气数据是否属于国家安全数据的范畴？这一系列问题都指向一个方向，即场景不同，确权的利益相关者也不同。

在个人数据权属划分中，有一个确定性的原则，即个人的性别、收入、手机号等信息数据肯定是归属个人的，但个人的行为数据，比如浏览页面、与售后的聊天记录等这些在平台服务器上的数据就不一定归属用户个人。由于平台在搭建服务器、开发 APP 等方面作出的贡献更大，因此平台有理由认为这些交互数据也应该属于平台。我们认为这一类数据用户和平台都有贡献，二者应该分享数据，但具体分享的比例应该由市场决定。

对于公共数据，我们可以将数据分成可商业化、谨慎商业化、不可商业化等不同层级，再根据敏感性对确权进行规范。对于敏感性较高的数据，例如北京市或者全国的水文数据等涉及国家安全的机密数据不可以商业化。对于存在一定敏感性的公共数据，例如居民的燃气和电力使用数据，可以谨慎商业化，如共享给智能家居的厂商，用于研发绿色环保、节能减排的产品和程序。对于这类数据，可以采用申请审核制，例如发放资质，然后通过使用数据的计划书来约束数据使用范围。对于一些敏感性较低的公共数据，例如历代的文化宗教公共数据可以实行商业化。当前，在公共数据开放共享方面，浙江省走在全国前列，浙江省的公共数据正在慢慢流通和利用起来。总而言之，公共数据的开放应该要找到更多的适用场景来推动流通和应用。

（三）数据分级授权

在数据权属尚未规范前，数据确权一般通过参与者商定的方式来确定，但在经济学看来这种方式效率较低，不符合低成本、大规模、高效率配置的要求。我们认为未来最佳的方式是用机器解决确权问题，通过数据分级授权，降低交易成本。过去，APP 基本是霸王条款，要求用户授权全部数据（使用APP 前要求用户勾选全部条款），否则不允许用户使用 APP。在《个人信息保护法》出台之后，这种做法已经被国家禁止，并提出"最少必要授权"的原则。例如，用户在使用百度地图 APP 时，即使不授权，也可以使用该 APP，如果授权地理位置就可以使用导航服务，但如果需要更多的服务，则需要授权更广的范围。基于这个思路，如何设计具有不同层次的数据授权体系具有重要意义。

我们建议构建一个数据授权的分类分级体系，这个体系一共分为 6 级（level 0—5）。其中，level 0 是拒绝授权。由于未来几乎所有场景都是数字化的，包括打车、旅行等都需要使用APP，在这种情况下，开发者要求用户完全授权是非常霸道的，用户应该有权利拒绝授权任何数据但仍然能使用 APP 的最基本数字化服务。level 1 称为最小必要授权。由于数字经济时代的大部分需求都必须依赖数字化工具来解决，例如使用打车 APP，如果不授权地理位置信息和目的地信息，难以满足用户最基本的打车需求。对于打车 APP 而言，用户的地理位置信息和目的地信息就属于 level 1。level 2—3 称为授权改进服务。以百度地图为例，如果用户不仅需要打车，还需要百度地图帮助精准匹配和筛选出符合个性化需求的产品和地址，那就需要用户进一步授权其获取收入、爱好等数据。level 4 和 level 5 称为高级授权和完全授权，也可以归类为授权支撑交易，即授权的数据允许平台再次转让，以获取更高的收益，平台可以根据授权数据的价值量给予用户 VIP、红包等收益反馈。当前，由于数据授权市场不规范，各平台企业基本都实行 level 5 授权机制，导致用户数据被一次性全部交给平台，平台对这些数据可以开展任何商业开发活动，其创造的收益却仅以优化服务的形式反馈给用户，显然是不合理的。如果用户可以根据自己的需求和偏好来选择授权的级别，不仅能促进用户和平台间的公平交易，也有利于数据要素的合规、高效市场化。

对于上述设计，我们采用经济学建模的方法论证了数据分级授权对用户和社会福利的影响①。研究结果表明，实行分级授权的确能有效促进用户和社会福利的提升。核心逻辑有两条：其一，对于大多数非刚需的 APP，采用分级授权能有效促进更多用户使用该 APP，而不至于因为隐私保护需求而拒绝使用该 APP。通过这一制度设计，全社会数据总量将上升，进而促进用户福利和社会福利上升，形成多赢的局面。其二，分级授权制度提升了用户的议价能力，用户福利大幅提升，全社会福利亦大幅提升。

---

① 戎珂、刘涛雄、周迪、郝飞：《数据要素市场的分级授权机制研究》，《管理工程学报》2022 年第 6 期。

（四）内外分级建立数据市场

数据的交易应该在场内的交易所或数据中心进行，还是在场外直接进行？目前，以贵阳大数据交易所、北京国际大数据交易所为代表的场内交易模式影响力较大，但交易规模较小，尚未形成成熟的商业模式。以众多互联网平台企业为代表的场外企业间数据产品和服务交易需求较大，但小企业和个人的数据交易需求难以得到满足。对此，我们参照金融市场设计了三级市场的数据交易体系。其中，一级市场是数据授权市场，类似股票 IPO 前的股权交易，用于确定参与方的数据权益占比；二级市场是数据权益交易市场，类似于股票上市后的二级交易市场；三级市场是数据衍生品交易市场，类似于金融衍生品交易市场。其中，数据衍生品是指通过隐私计算等方法，在原始数据基础上衍生出的数据产品和服务。相比而言，一级市场是数据的生成，目的是解决数据从 0 到 1 的问题；二级市场是促进数据要素的流通，目的是解决数据从 1 到 n 的问题；三级市场是赋能实体经济和整个经济系统，能生成丰富的数据产品，实现数据的规模报酬递增，目的是解决数据从 n 到无穷的问题。三级市场的设计只是一个大的交易市场框架，具体包括哪些模式还有很大的研究空间。

通过三级市场的设计，数据实现了从 0 到无穷的扩展，更有利于赋能实体经济发展。关于数据赋能实体经济，我们认为经济系统由生产系统和商业系统组成，生产系统又分成研发设计、制造物流、市场匹配等环节。在消费互联网发展时期，数据要素在市场匹配方面发挥了较大作用，例如网络购物的精准匹配。未来随着工业互联网的不断发展，数据可以作为独立的、替代性的生产要素加入生产函数，在研发设计、制造物流等方面发挥巨大作用。

（五）倡导建立数据治理组织

数据是数字经济时代的"新型石油"，开展国际合作和国际治理是未来数据跨境流通的必然要求。2021 年 3 月，苏伊士运河发生堵塞事件，导致世界航运大停摆，当时有一家国际公司在最短时间内通过多方数据分析寻找到一条可替换的物流线路，缓解了燃眉之急。当前，中国已经提出加入数字经济伙伴协定，习近平总书记也明确提出要积极参与数字经济国际合作。对此，我们建议由中国来首倡建立世界数据组织（World Data Organization，WDO），实现国际数据治理。一是中国暂居数字经济发展世界第二的地位，有首倡建立 WDO 的能力；二是由于数字经济是中国未来崛起的历练之一，中国有推进数据国际治理的使命；三是因为在美国的打压下，中国有建立自主可控同时兼容对方生态的需求。

五、面向未来的数字经济之路

伴随着数字经济大潮，当前的经济形态已经形成新格局、新组织、新要素、新产品。其中，新格局表现为在工业全球化时代，以美国为首的发达国家主导全球价值链分布，但在数字全球化时代，美、中、欧几乎处于同一起跑线，呈现重新竞争的格局。新组织是指在工业全球化时代，全球产业组织主要通过供应链网络相互协作，相互间的竞争主要看处于利润分布的"微笑曲线"上下游位置，但在数字全球化时代，产业组织主要依托工业互联网而建立产业生态，相互间的竞争主要看平台生态能力。新要素主要指从工业全球化到数字全球化演变过程中，数据要素逐渐占据主导地位。新产品是指在工业全球化时代，参与国际竞争的往往是某种单一产品，呈现为单一商业模式，但在数字全球化时代，单一商业模式逐渐由生态型商业模式替代，生产的产品也逐渐演变为平台型或生态型产品。

在数字全球化的竞争中，中美之间的竞争主要体现为数字生态的竞争。当前，中国的数字生态落后于美国。从数字基础设施底座对比来看，相对于美国强大的数字基础设施底座，中国的数字底座还在成长期。根据前文论述，数字底座是掌握数据要素的关键条件，其重要性相当于全球工业化时代对能源资源的掌控能力，可见中国的数字生态建设仍然任重而道远。从数据生态信任方面来看，根据 Gartner（高德纳咨询公司）公布的 2020 年全球云计算市场调查数据，微软和亚马逊分别以40.8%、19.7%的份额占据全球云计算前二的位置，已经形成良好的数据生态信任。此外，阿里云以 9.5%的市场份额排名第三，领先谷歌 6.1%的市场份额，其他中国企业的云市场份额更小。可见，中国企业的云市场占有份额远落后于美国企业。究其原因，有国与国的意识形态之争、国家安全之争问题，也有对中国企业数据生态的能力信任和善意信任的问题。即便如此，中国仍然有较大的潜力建立一个自主可控、开放共享同时可以兼容以美国为首的第一生态的生态。在市场主体方面，中国有以华为、中国电子、腾讯、字节跳动等为代表的众多全球领先数字经济企业，有以海尔、中国移动、树根网络等为代表的一批深耕工业互联网的企业，以及一大批"专精特新"企业和成千上万的专业型小企业。在市场需求方面，中国拥有丰富的应用场景和极其个性化的应用领域。在推进国际数据治理方面，中国如果能率先构建数据分类分级授权管理体系，并在保障数据主权前提下推动数据的跨境流动，就能率先掌握国际数据治理的话语权，为中国在数字全球化竞争中获得胜利增强底气。

第三讲

数据要素的交易与市场

主讲人：汤珂

汤珂，清华大学社会科学学院经济学研究所所长、长聘教授，国家杰出青年科学基金获得者，中宣部"四个一批"暨哲学社会科学领军人才，爱思唯尔（Elsevier）中国高被引学者（2020年）。主要研究方向为大宗商品（包括数据要素）的交易与定价和数字经济，曾在 *Journal of Finance*、*Review of Financial Studies* 等顶级英文期刊上发表多篇论文，目前担任国际期刊 *Quantitative Finance* 的执行编辑、*Journal of Commodity Markets* 和《经济学报》的副主编。研究成果曾得到美国期货管理委员会、联合国大宗商品报告以及多家媒体的报道。

（扫码观看讲座视频）

内容提要

数字经济在全球经济发展中扮演着日益重要的角色，数据的流通已成为数字产业发展的基础，如何建立全方位的数据要素生态体系是关乎数字经济未来走向的重大问题。本讲在综合国内外理论研究、实践探索的基础上，提出了推动数据要素市场化的解决方案。

数据具有与隐私相关、与国家主权相关、权属关系复杂、可复制性、信息属性等特点，据此，本讲首先揭示了数据交易全周期的难点和痛点，以及数据交易不活跃的内外部原因，指出数据要素的交易需要克服其天然的安全脆弱性和信任缺失问题。接着，本讲从政策、技术、监管三个视角出发提出了数据交易的基本解决方案。在政策层面，应着重确立大数据相关国家标准、构建分类分级安全管理体系、明确"一数多权"权属界定规则。在技术层面，应通过公钥密码学、人工智能算法、区块链、机制设计理论等实现数据交易的可追溯、可审计等。在监管层面，应注重打击非法交易活动、建立交易仲裁机制、引进数据监管沙箱。

数据交易所是数据交易付诸实践的载体，发挥着核实交易身份与标的、交易撮合、交易备案、减少争议与提供证据等功能，真正意义上维护了交易双方的合法权利。鉴于目前数据交易所尚未规模化，要从供给端、需求端、交易平台端分别给予激励措施，以盘活数据供给、激活数据需求。未来，围绕数据交易所将形成数据市场体系，该体系离不开数据供给者、需求者、交易平台、数据经纪人、审计机构和监管机构的共同维护。更为重要的是，数据生态的形成需要构建数据基础设施，统一确权与交易数据库的建立将促进数据的互联互通和交易共享。

作为数字经济时代新的生产要素，数据具有可复制性、非标准化、权属关系复杂等特点，数据要素的交易具有天然的安全脆弱性。同时，市场主体间天然的信任缺失阻碍了数据要素的充分流动，交易的难点和痛点贯穿数据流通的全生命周期。为此，需要从政策、技术、监管"三位一体"的视角出发构建数据交易的基本解决方案，确立数据脱敏和传输的相关国家标准，细化"一数多权"的权属界定规则，引进新型数据交易技术和交易监管沙箱。目前，数据交易所作为数据市场体系建设的抓手，发挥着备案记录、交易撮合、争议解决等关键作用。未来，为激活海量数据资源，我们提倡建立全国性的数据确权和交易的记录标准，由此构建数据市场体系和完整的数据生态。

一、数据要素交易的特点和难点

（一）数据要素的特点及交易的安全脆弱性

数据要素不同于一般商品，这集中表现在数据与隐私相关、与国家主权相关且权属关系复杂等特点上。首先，大量的数据包含个人的身份信息、出行信息、健康信息等，数据的流动伴随着隐私泄露的风险。同时，数据也和国家主权相关，部分国家间的贸易争端实际来自于数据领域。此外，数据产品往往由信息所有者和数据平台双方共同生成，其产生主体和权属关系比较复杂。数据要素的特点决定了数据交易的特殊规则和特殊场景。

数据要素的交易具有天然的安全脆弱性，具体表现在以下三个方面：第一，数据是可复制的。数据一旦经过交易和分享，就可以被无限复制和转卖，诱发黑市交易行为。例如，数据供给方 A 将数据卖给需求方 B，B 就可以很轻易地在黑市上把它转卖给 C、D、E，导致 A 失去了对数据的控制权。同时，由于数据的无限复制性，数据交易平台也存在拦截甚至攫取数据的可能，从而威胁数据市场的正常交易。第二，数据是非标准化的，这就使得数据在交易过程中很容易产生争议。举个例子，假设我们想研究 2020 年出现的石油负油价现象并购买石油价格数据集，那么数据集中必须要有石油负油价那一天的油价数据。如果数据卖方无意中把那一天的数据删掉了，那就必然会产生争议且难以证明谁对谁错。在数据交易中经常会出现诸如此类难以取证的现象，很难找到仲裁方来提供证据。第三，由于数据具有信息属性，买方一旦提前获知数据细节，便不会再选择购买，因此数据卖方往往不愿意让买方提前查看数据信息。在这种条件下，数据在交易之前是不为买方所了解的，交易后就容易产生问题，这些都构成了数据交易的安全脆弱性。

（二）数据交易全周期的难点和痛点

我们应该意识到，数据交易还有一些其他的痛点和难点。首先，在交易之前，数据的权属关系难以确定，而且数据的购买方、监管方并不知道正在交易的数据是否合规。在交易之中，数据传输的安全性有待考量，需要采用加密和不可见的技术防止数据被泄露乃至攫取。

其次，在交易之后，存在数据送达和争议解决的问题。举一个简单的例子，把数据集以 CD 的形式卖出，原则上数据已经完整地存储在光碟内，但实际上 CD 有可能是空的，此时很难求证数据是否被如约送达；或者说卖方通过发送邮件的形式将数据集卖出，这时数据买方便可以借口未收到邮件而拒绝付款，这些都是数据送达难的具体表现。由于买方在交易前无法看到数据全貌，缺乏对数据的准确认知，得到的数据可能与理想数据有出入，因而往往存在交易争议和纠纷。

此外，正如前面提到的，由于数据具有可复制性，存在买方没有经过卖方允许转卖数据的可能。因此，数据在交易前、交易中和交易后都面临一系列风险，需要政策、技术和监管的配套来克服这些难题。

并且，在数据交易过程中，存在贯穿始终的不信任问题。这种不信任首先表现在数据的买卖双方之间。从卖方的角度看，他们担心数据经过交易后，买方在黑市或其他交易场所转卖数据，或是擅自将数据交给别人使用，导致卖方不再拥有对数据的控制权。从买方的角度看，由于无法在交易前看到全部数据信息，买方担心购买的数据不是自己真正想要的数据或者数据不是合规的。同时，监管方对正在交易的数据产品也有一定担心，因为他们并不知道产品中是否包括涉及隐私、国家安全、商业机密的数据。也就是说，数据交易的不信任问题在卖方、买方和监管方三者之间都存在，这无疑会给数据的交易带来阻碍。

（三）数据交易失败的内外部原因

1. 数据交易失败的外部原因

就供给端而言，数据供给者一方面出于对数据交易风险的规避而拒绝交易数据，如担心隐私泄露、控制权丧失、非法买卖等；另一方面，因数据外流造成的竞争会削弱数据供给方的市场优势和商业地位，数据在一定程度上会产生自留和垄断。就需求端而言，异质性的买方形成了多样化的需求，一些买方偏好标注后的原始数据，而另一些买方需要结果类数据，由于数据集经过拆分组合便能形成各种各样新的数据产品，这造成买方往往难以找到和他的需求相匹配的数据。就政府端而言，此前我国关于数据交易的法律法规制度建设尚不完善，数据市场的监管力度也有待加强。近年来，包括《"十四五"数字经济发展规划》在内的许多政策文件都特别强调数据要素市场的规划与建设，覆盖数据确权、定价等一系列问题，有助于推动未来数据的顺利交易和有效监管。此外，正如前面提到的，数据市场的信任缺失也是造成数据交易生态不健全的重要外因。

2. 数据交易失败的内部原因

首先，数据产权的复杂特征是交易不活跃的内因之一。明晰的产权是商品得以交易的基础，也是避免产生交易风险的前提。很多经济学家、法学家都在探讨数据产权的界定问题，但目前关于数据权属的确定仍旧缺乏统一的认识。

其次，数据的信息属性导致卖方不会让买方在交易之前查看数据，买方如果不了解数据产品的详细信息，就较难明确其能带来的价值；而一旦买方获知了全部的数据信息，对其估值将大幅下降，甚至选择不再购买，这就导致了"信息悖论"。

再次，数据的可复制性和非竞争性使得数据容易被买方和第三方平台截留和转卖。

最后，数据并非标准化产品，这导致数据的交易不同于传统的金融资产。许多学者在谈及数据交易时，经常将其类比为股票和期货交易，我认为这种看法有失偏颇。数据是非标准化的资产，而股票和期货都是标准化的。一个数据集经过少量修改就可以变成全新的数据产品，它们是多衍生和多样化的，因此数据的交易场所和传统的股票期货一类的交易场所是不同的。股票期货的交易场所采用集中竞价的模式，其基本功能是价格发现，拍卖出价高者得。与之形成对比的是，即便同样具有价格发现的功能，但数据交易场所绝不是集中竞价的，且数据交易所最大的特点是可追溯，完整记录买卖双方的交易过程，这是数据交易所不同于传统交易所的一个基本特征。在此处，我们有必要回顾一下数据交易所的发展历程。国内最早的数据交易所——贵阳大数据交易所自 2015 年便成立了，但是调研资料显示，目前的数据交易所均收效甚微。最近北京国际大数据交易所、上海大数据交易所相继出现并借助了新一代数据交易技术，我们对此抱有很大期望。

二、数据要素交易的基本解决方案

因为数据交易的种种难点，传统的数据交易方法和场所必然难以奏效。要想使数据像普通商品一样顺利交易，需要解决以下几个技术问题。第一，实现交易的可追溯，完整地记录数据交易全过程。参考知识产权保护的规则，申请人在知识产权局申请并获批专利后，他人未经许可的商用就会被追究法律责任。数据权属的保护也是如此，一旦数据的每一笔交易都有记录可循，数据供需双方就可以在产生争议时诉诸技术手段提供仲裁证据，数据拥有者也可以据此通过法律途径制裁滥用、转卖数据的行为，从而防止黑市交易的盛行。数据的保护还要遵循"保护义务衍生"的重要原则，即 A 在将数据卖给 B 的同时，需要在买卖合同上明确规定数据的使用范围、场景等，数据的卖方、买方都有保护数据主体的权利不被侵犯的义务。第二，在可追溯的基础上，由于交易平台可以很容易地攫取数据产品，因而需要研发数据加密技术，实现平台对数据的不可见。第三，实现数据交易"一手交钱、一手交货"，也即通过新一代技术的应用来提供仲裁证据，辅助解决数据交易的各类争议。第四，在技术层面构建数据交易的监管沙箱是实现有效监管的必要手段。

数据是数字经济的血液，尽管其交易具有诸多难点与痛点，我们也应着力构建数据交易的基本解决方案。为此，我们提出应从政策、技术、监管三个方面合力推动数据的共享与交易。

（一）政策视角

1. 明确可交易的数据

要在政策上明确什么样的数据是可以交易的，什么样的数据是不可以交易的。一方面，可以确立数据产品的技术标准，即规定不同类别的音频、视频等数据在满足什么样的技术条件下才可以进行交易；另一方面，可以制定数据产品的安全标准，安全标准中很重要的一点就是数据脱敏标准，即应该遵循什么样的规则去除敏感字段。脱敏标准往往是根据不同的行业来制定的，数据脱敏是一个动态化、情景化、结构化的过程，随着技术的革命性进步，很多以前不能指向个人的数据现在可能被用来揭示个人的隐私信息，因此脱敏标准也要相应变化调整。在此基础上，数据分类分级安全管理能够以最低成本实现对精细化数据要素的风险管控。不同类别和不同级别的数据，其隐私保护标准和可交易的标准不同，这也是在标准制定层面需要考虑的问题。经过此类顶层制度设计，我们便能够严格按照标准进行数据的交易和共享。

2. 界定数据权属

在政策层面明确了什么样的数据可以交易之后，我们还需要明确谁可以交易数据，其中最核心的问题是数据权属的界定。目前，数据权属关系不明晰成为数据要素化的一个重大障碍，只有清晰地界定数据的权属关系，买卖双方才能合理合法地将数据用于交易。数据权属的确定与土地具有高度的相似性，具体来说，传统的土地制度将土地权利划分为"田底权"和"田面权"，"田底权"是个人对土地的所有权，而"田面权"则是个人耕种的权利。数据也是类似的，对于个人数据，个人享有"有限制的所有权"，在基本的隐私权、自由权、名誉权、信息权等不受侵犯的基础上，可以将数据除所有权之外的收益权、使用权等权益集合进行转让以获取财产收益。数据收集者享有脱敏后个人数据"有限制的占有权/用益数权"，占有权是一系列的权利束，是不包含所有权的数据剩余权益，包括采集权、使用权、收益分配权等。例如，一个人的生日信息是属于其本人所有的，但这个信息可以在本人允许并签约的情况下被某平台记录下来，平台此时作为数据收集者就拥有了生日信息的有限占有权。目前对于数据权属的界定，"一数多权"是学者们公认的基本原则。

真正的数据交易，就在于权属的交易。这与交易一般商品的情况类似，当我们购买一个苹果时，苹果的所有权就由卖方转移给了买方。值得注意的是，数据权属交易的对象通常只是一个子权利，例如交易数据的使用权、收益分配权等。在数据交易场所进行的绝大多数交易都只涉及数据使用权的转移，也就是数据的买方只有使用数据的权利，而不能把数据进行转卖或据为己有。一般而言，数据使用权的交易价格相对较低；但如果卖方想把数据的物理占有权，或者是数据脱敏之后所有的权属全都卖出，这个时候交易价格会非常高，因为一旦交易发生并被完整记录后，原来的卖方就失去了再次交易数据的可能。正是由于每次数据交易的权属可能不同，一些涉及使用权，而另一些涉及占有权，加上数据使用权规定的数据使用场景和使用年限也可能不同，数据就很难像普通商品一样进行单一定价。所以我们看到，同一份数据仅仅由于使用期限的长短、使用场景的不同就会拥有不同的价格，这些都是交易合同中需要明确规定的。一旦数据的合同规定了数据的使用条件，买方就要做到数据使用的场景公正，保证数据的使用是合规的。这里举一个反例，Facebook 曾经把用户数据卖给了剑桥分析公司，这些数据的使用场景被限定在媒体社交等领域，但是剑桥分析公司擅自将数据用在政治选举中，这就严重违反了数据使用的场景公正性原则。因此，在数据使用权转移的同时，为了防止买方滥用数据，数据的卖方要严格规定买方使用数据的场景。正如前面提到的，买方需要遵循"保护义务衍生"的原则，按照合同约定妥善使用数据。此外，数据的持有者需要对数据进行安全管理，防止数据泄露或被黑客攻击。一旦发生安全事件，则需要相应的补救措施，这些配套管理举措都需要政策和制度的统一规定。

3. 构建数据交易所

首先，数据交易所需要确立买卖双方的交易规则，其中很重要的一点是明确交易合同并记录交易环节，即规定并登记出让的数据权利、权利的时效、数据的买方卖方、数据集的类型、交易价格等。同时，一旦买卖双方出现争议，交易所有义务提供一手证据，辅助仲裁机构进行交易仲裁。如果交易所的证据翔实充分，很多情况下互联网法院等机构就可以实现自动仲裁，不需要过多人力的介入。此外，交易所作为双方交易的平台，还要提供基本的交易撮合服务，并且具有一定的价格发现功能。

（1）数据交易所的存在必要性

虽然国内最早的数据交易所在 2015 年就已经建立起来了，但目前我国的数据交易仍不活跃。那么，怎样激励大家进入数据交易所来交易数据呢？在回答这个问题之前，我们有必要探讨一下数据交易所到底有哪些优势，而私下交易又有什么缺点。我将它总结为以下几个方面：首先，使用数据交易所真正意义上保护了买卖双方的合法权益。数据交易所记录了买卖双方交易的整个流程以及交易的细节，如果产生争议，交易所会提供仲裁证据，判断孰对孰错，由此解决买卖双方的不信任问题。其次，相比于私下交易，数据交易所是一个监管方更容易触达的地方，而且每一笔交易都是可追溯的，因而交易所里的监管是更为高效有力的。再次，交易所作为独立于买卖双方的中介平台，是双方都可以信任的地方，所以往往是公允取证的，有效地保证了交易双方的公平交易。相比之下，私下交易一旦产生争议，常常是公说公有理婆说婆有理，很难妥善解决争议，从而损害双方的合法权益。最后，数据资产的价值与数据的交易价格密切相关，随着数据的资产化和数据要素企业补贴政策的出台，数据的交易价格也愈发重要。正因为交易所的公允性，其中发现的数据交易价格是最容易被采信的价格。为此，我们必须借助数据交易所的价格发现和记录功能，最大限度地探索数据的公允价值和合理的交易价格，这些优势的存在都表明现阶段数据交易所的建立具有必要性。

（2）数据交易的激励问题

在此基础上，我们应该从供给端、需求端、平台端三个维度来激励数据市场的交易。从供给端出发，目前数据供给的缺乏大都是由于数据拥有者担心自己的数据在交易后被攫取或转卖，而数据交易所的可追溯功能恰好可以解决数据主体的这类顾虑。除此以外，还有其他一些因素使得大量数据源未被激活，我们分别考虑个人和企业作为数据供给方这两种情况。个人作为交易主体，往往担心自己的隐私信息在数据交易后被泄露，这就要求我们建立可监管、可举证的数据交易平台，而这正是目前数据交易所努力的方向。同时，由于数据交易相较于传统商品交易而言具有更高的门槛，个人往往难以直接参与到数据交易中去。参考国外的做法，有必要培育数据经纪人，由经纪人整合个人的零散数据并代为经营，以此扩大个人的数据交易参与度。对于企业而言，数据自留现象的存在有其背后的经济机制，即企业的数据自留相较于数据共享而言为其带来更高的价值。为了促进数据的共享与交易，需要建立反垄断规制以推动企业在适当的范围内出让自留的数据。此外，数据出售时的价格对于企业数据资产的估值是很有帮助的，因此，我们应积极推进数据的资产化进程，建立健全数据资产登记评估制度和数据价值评定体系。

从需求端出发，尝试采取买方邀约模式鼓励数据需求者从数据交易所获得理想的数据。一般而言，我们在市场上交易商品时，往往都是卖方提价的，当卖方出价低于买方的保留价格时，商品就会被购买。对于数据来说，由于其非标准化特性和买方的异质性，卖方很难确定数据的单位产品规模及其价格。此时，不妨由买方提出意向数据的内容、质量并出价，当卖方接受买方的邀约时再提供相应的数据，由此使得数据的交易更为灵活且结构性适配，通过需求导向的交易与定价机制引导买方积极参与数据市场。

在平台端，数据交易所连接供给端与需求端，当买卖双方进入交易场所以后，交易所本身就成为一个平台，其基本特点是双边属性，且具有网络效应。我们先以网约车平台的例子阐述"网络效应"的概念：平台管辖的出租车和司机越多，选择这个平台乘车的乘客就越多，因为乘客发出订单后，短时间内就会有出租车司机接单；反之，如果打车的人越多，那么进入平台的出租车司机也就会越多。数据交易所也具有这样的网络外部性，当市场达到一定的规模以后，买卖双方就会自然地进入市场，因此尊重交易所双边市场的基本原理，注重吸引初始的买卖双方进入交易市场是非常重要的。基于此，数据交易所发展的初期，可以借鉴传统交易平台的做法，通过降低交易费用、提供优惠补贴等方式来激励数据买卖双方的进入。随着平台内的参与者越来越多，可以逐渐增加交易费用，或者是通过其他的方式来获得更多利润。值得注意的是，不同规模企业所具有的网络效应弹性不同，通常大企业网络效应的弹性更大，往往能发挥"以大带小"的作用，所以我们应注重吸引头部互联网企业进入数据交易市场。与此同时，建议数据交易所按照行业和数据结构分门别类设立板块，从而形成某种行业聚集效应。

（二）技术视角

首先，我们探讨的是明文数据的交易，或者说伴随数据权属转移的交易，也就是脱敏之后不涉及隐私的数据交易，这个过程中一个很重要的技术就是公钥密码学。在数据传输的过程中，需要对数据进行加密、解密，因此密码技术不可或缺。当然，现在有些技术致力于实现数据的"可用不可见"，比如隐私计算、联邦学习、多方安全计算、可信执行环境等，这些技术非常适合无法交易的隐私类数据。当 B 要使用 A 的数据时，他可以通过隐私计算的方法来使用，整个过程中并不涉及数据权属的转移，因而不属于此处所讲的数据交易的范畴。

其次，传统意义上来说，市场大多都是自发形成的，供给和需求是自发存在的。但是随着高科技的发展和市场的进步，特别是机制设计理论的出现，很多市场实际上是人为设计出来的。数据交易市场也是一样，可以通过引入机制设计理论和博弈论的方法来促进交易市场的规划与落地。

此外，数据监管沙箱的构建也离不开新一代技术如人工智能算法、区块链的参与，从而高效监管数据的刷单交易，监管数据是否造假等。这些数据交易技术的研发将会在很大程度上解决数据交易全周期的难题，突破传统的数据交易方法，促进数据要素的自由流动。

（三）监管视角

在数据交易的过程中，监管实际上是很重要的，这种重要性首先来自于打击非法活动，特别是黑市交易。数据流通需要建立规范化的要素交易市场，在这种条件下，必须使得那些不应该存在的市场最终失灵，因此国家最近出台的一系列政策都谈到了打击数据的黑市交易。参照知识产权保护的策略，我们应该设立类似于知识产权局的数据保护特殊执法机构，依法维护数据的使用。当通过黑市交易的数据被用来谋取商业利益时，数据拥有者就可以诉诸法律手段对违法者进行重罚。由于数据在交易过程中经常存在泄漏的风险，因此要依法规制数据的泄露问题，建立相应的惩罚与补救措施，这也是监管层面非常重要的抓手。

随着数据的资产化，监管方还应注重打击刷单交易，实施数据资产的可靠评估。所谓刷单交易是指数据拥有者往往通过刷单行为来提高数据资产的价格，从而谋取更多的经济价值。为此，需要建立数据评估标准，严格开展数据评估工作，打击数据资产的虚假申报，发展数据核验和审计。

此外，监管中还有一个重要的方向便是交易的仲裁。数据交易很容易出现买卖双方的不信任关系，一旦产生争议以后，就需要向专业机构提起仲裁。目前，北京、浙江都有互联网法院，可参照此做法，建立更多的线上法院或者特殊仲裁机构，借助交易所提供的基于区块链、互联网的证据进行自动仲裁。

与此同时，数据交易作为新兴事物，需要通过建立监管沙箱、运用人工智能等新型监管技术，实现交易的事前、事中、事后全生命周期的穿透式监管。

三、数据市场体系的构建

按照交易市场的级别来划分，可以将交易场所划分为全国性的数据交易所和省市性的数据交易中心；按照行业来划分，则可以分为金融类数据交易市场、医疗类数据交易市场等，各个行业形成自己特色的数据交易中心，由此构成一个横纵交织、规模庞大的数据市场体系。

（一）数据生态的主体

数据市场体系的运转离不开良好的数据生态，此处着重关注三种数据生态的主体。其一，数据经纪人。前面提到，由于个人缺乏参与数据交易的途径、能力或者不愿意花费大量时间在交易所买卖数据，数据经纪人就应运而生。数据经纪人整合很多个人或企业的数据，帮助他们在数据市场上进行经营，并给予数据拥有者一定的利益返还。在该体系中，数据信托是数据治理的新方案，它将《信托法》的理念和制度引入数据治理，由受托人管理委托人全部或部分数据权利并对其利益负责，实质是在数据主体与数据控制者之间创设出法律关系，最大限度地实现信息流动与信息安全的平衡。当然，数据经纪人制度也存在一定的风险，即数据经纪人有可能泄露隐私乃至攫取数据，因此需要新技术的融合来加以规范。其二，数据审计机构。数据审计机构是随着数据资产化的展开而出现的新组织，这里同样要运用新型技术使得既能达到审计目的，又能防范审计机构攫取数据。其三，数据监管机构。数据监管机构借助数据沙箱技术实现对数据交易的监督与管理，保障了数据交易体系和数据市场的良性运作。数据市场体系的高效运转离不开各个市场主体的积极参与，数据价值的挖掘需要集合社会力量，这些市场主体的参与极大地丰富了数据交易体系和数据市场。

（二）数据市场的六大功能

第一，核实数据交易双方的身份，确保买卖双方都是合法的交易者。第二，对交易标的进行事前的审核，可以随机抽查，也可以逐笔审核。第三，撮合交易，当然也要收取一定的中介费用。第四，在交易的过程中，应该保留完整的技术备案，做到交易全程可追溯。第五，减少数据交易的争议。通过数据交易技术及机制设计，尽量降低争议发生的可能性。第六，为数据的仲裁提供证据，即为监管和争议解决留存原始证据。

（三）数据确权和交易基础设施

数据市场体系中容纳了众多的数据交易所，这些交易所可以在不同的地域运行，但是，我们应该致力于建设一个全国性的数据交易基础设施，即全国统一的数据交易记录数据库。这是因为数据不同于房产，房产会天然地固定在某个区域，而数据却可以同时在北京、上海等地注册，不受区域的限制。举个简单的例子，在北京国际大数据交易所中，数据供给方 A 将数据卖给了需求方 B，此时 A 和 B 都拥有该数据，如果 B 在上海大数据交易所中以数据拥有者的身份将数据转卖给 C，那么 B 就威胁并侵害了 A 的经济利益。由于不同平台无法互联互通，数据拥有者 A 就无从查证 B 的侵权行为。所以在这种条件下，特别是在将来数据资产化以后，应该建立一个全国性的确权和交易的场所，在统一的数据库里进行登记和转移，从而保证数据的权属唯一性，遏制重复确权或套利的可能。

第四讲

平台经济的运行特征与治理

主讲人：王勇

王勇，清华大学长聘教授，经济学研究所副所长，博士生导师，兼任清华大学民生经济研究院院长。北京大学光华管理学院博士，哈佛大学经济学系博士后，牛津大学桑坦德访问学者。主要研究领域为数字经济发展、平台经济治理、企业理论与国企改革等。在《经济研究》等国内外一流学术杂志共发表了 50 余篇学术论文，出版《平台治理》《赛博新经济》《企业家精神与中国经济》等著作；主持了国家社科基金重大项目等多项国家级课题，被国家发改委、国家市场监管总局等聘为咨询专家，在平台经济监管、国有企业混合所有制改革等领域提供专家意见。

（扫码观看讲座视频）

内容提要

平台经济是数字经济的组织形态，是数据要素在数字经济中发挥作用的最主要组织方式。从平台经济运行的角度来看，其具有三大核心特征，分别是"交叉网络效应"、"数据与算法驱动"和"注意力与流量竞争"，这些特征与平台的正面贡献和负面影响紧密相连。结合平台经济的运行特征，本讲讨论如何让平台企业更好地参与数字经济秩序的构建和维护，如何使政府部门和平台企业进行协同监管的问题。

在协同监管方面，首先，需要确定应以平台企业为主、以政府部门为辅的监管模式，即要让平台企业发挥更大的作用，扮演"凯撒"，借助市场化手段来维护平台内外有关的经济秩序；要让政府部门扮演"上帝"，以公平为准则，采取行政化手段，做最后的仲裁者。其次，在具体的协同监管方面，通过对秩序责任的进一步细分和平台的分类，可以实现不同平台不同秩序维护责任的界定和关联，进而使平台企业可以按照责任界定与政府协同监管。再次，要根据监管过程链条进行协同：在事前准入环节，确定平台用户资质方面，政府部门负责确定资质标准，平台企业负责审核把关；在事中经营活动环节，平台企业借助技术手段进行过程监管，政府部门可以采取随机抽查监管；在事后处罚阶段，平台企业应向政府部门提供相关数据，以确定最终的处罚水平，同时平台企业还可以采取封号、搜索降权以及没收抵押金方式进行企业处罚。最后，除了政府部门和平台企业的监管外，还应更多开放社会主体参与平台秩序维护，包括行业协会、新闻媒体以及资本市场等。

从人类发展的历史来看，数字经济实际上是继农业经济、工业经济之后的一种新的经济形态。在该经济形态下，数字技术成为经济发展的重要动力，数据要素成为新的生产要素，数字平台则成了全新的组织方式。人们依托各类数字平台开展社交、娱乐、购物、办公等消费生产活动，以及一些教育、政治、军事活动等。可以说，在数字时代，平台成为人们的数字化栖息地。

作为组织大家开展各类活动的数字平台，因其巨大的网络效应，不仅成长非常迅速，而且容易形成一家独大的垄断局面。由此引发了社会与政府对其滥用市场支配地位的担心。而一些平台企业对其运营的平台所采取的一些排他性做法，比如"二选一"等，则进一步印证和加剧了这些担心。近几年，各国政府都加强了对数字平台的监管和治理，一改早些年对平台包容与扶植的态度。我国也密集出台了相关的法律法规，并先后对阿里巴巴、美团等平台企业进行反垄断调查。

应该说，这些加强数字平台监管的政策有其积极意义，可以促进数字经济健康持续发展。但另一方面，如果认识不到平台经济的独特性，按照传统的思路进行监管，又可能会抑制平台企业在数字经济中组织作用的发挥，使数字经济的发展速度和质量受到影响。因此，本讲结合平台经济的特征，来讨论平台经济的监管和治理原则。如果用一句话概括平台治理的原则，我认为是"上帝的归上帝，凯撒的归凯撒"。这句话反映了我对平台治理的一个最基本的认知：平台经济的良好运行，特别需要经营平台的企业和政府监管部门通力合作、开展协同监管，这样才能更好地推动平台经济的健康发展。

一、什么是平台经济

2022 年 1 月，国家发展改革委等部门联合印发了《关于推动平台经济规范健康持续发展的若干意见》，其中对平台经济的描述是："平台经济是以互联网平台为主要载体，以数据为关键生产要素，以新一代信息技术为核心驱动力、以网络信息基础设施为重要支撑的新型经济形态。"可以看出，在这个文件中，主要是把平台经济理解为基于互联网平台开展的经济活动和经济形态。

在我看来，平台经济除了包括现在的互联网平台所开展的经济活动，还应包括基于传统的一些物理平台所开展的经济活动和形态。例如：在商品流通领域，农村的集贸市场、商品批发市场、百货大楼都属于平台经济；在媒体领域，电视、广播、报纸等也是一种平台经济，它们把用户的注意力和媒体的内容以及企业的广告等多边的用户聚合到一个平台上，开展相关的经济活动；在金融领域，证券交易所、信用卡都属于平台经济。信用卡把发卡行、收卡行、信用卡组织、持卡人聚集到一个平台上来，是典型的平台。除此之外，大家熟悉的一些体育组织实际上也是一个平台，例如美国职业篮球协会（NBA），还有一些重大的赛事，例如北京冬奥会在某种意义上来讲也是一种平台。冬奥会把不同的主体聚合到一个平台上来，把运动员主办方的投入转换为观众门票的收入、转播赛事的收入。更为广义地看，基于地理空间的一些经济活动，如开发区经济、城市经济，也是一种类型的平台经济。因此，广义的平台经济还应包括这些线下已经大量存在的经济活动与形态。

我们在本讲所讨论的平台经济主要指的是基于数字平台所开展的经济活动。这些数字平台既包括大家所熟悉的购物平台如淘宝、京东和拼多多，也包括大家所使用的各种操作系统如Windows、MacOS、Linux 以及 Android，还包括本地生活服务平台如美团、滴滴打车、大众点评，以及社交平台、短视频的娱乐平台和一些资讯平台。最近特别火爆的元宇宙的概念中，被称为元宇宙第一股的罗布乐思（Roblox）实际上也是平台经济的模式。可以说，不管是过去、现在还是未来，平台经济都在数字经济中扮演了非常重要的角色。

人们经常会用平台经济、数字经济这两个概念。它们之间到底是什么关系？在我看来，数字经济是和农业经济、工业经济、相并列的一种经济形态，是一种新的经济形态。平台经济则是数字经济的组织形态。

数字经济的活动是如何组织的？如何开展的？它实际上主要是靠数字平台来开展的，类似于在农业经济形态下，主要活动靠农户来组织开展。农业经济、工业经济、数字经济都离不开劳动力，所以劳动力是共同的生产要素。农业经济依靠土地，工业经济依靠资本，资本这种生产要素参与经济活动最主要的组织方式或者组织形态是工厂。对数字经济而言，最重要的新型生产要素是数据。数字经济是靠各类平台来开展的，所以平台经济和数字经济之间的关系是：平台经济是数字经济的组织形态，平台是数字经济活动的最主要组织方式。

从数字经济的发展历史特别是从平台的组织形态所起的作用来看，首先进入我们生活的平台就是操作系统平台。早期，有些学者不认为它是平台经济的一个代表，现在越来越多的学者认为操作系统其实也是一种非常重要的平台，它连接的是人和技术。除了操作系统之外，随着互联网的出现特别是门户网站的爆发，门户网站、搜索引擎成为一种新的平台经济，例如百度、谷歌，它们都是平台经济爆发的代表。之后就出现了淘宝、京东这类电子商务平台，出现了QQ、微信等社交平台，以及一些包括游戏、短视频的互动娱乐平台。随着数字经济的发展，平台的经济活动组织作用也越来越深入，开始从消费端进入生产端，出现了云计算平台、元宇宙平台。

二、平台经济的运行特征

从平台经济运行的角度，我认为它主要有三大特征，分别是交叉网络效应、数据与算法驱动、注意力与流量竞争。

第一个特征：交叉网络效应。交叉网络效应也被称为跨边网络效应。最早利用经济学的概念来研究平台经济的学者，是2014年获得诺贝尔经济学奖的法国经济学家让·梯若尔。他很早就在论文中指出，平台的本质是一个双边市场或者多边市场，它通过构建一个交易的场所，为不同类型的用户搭建一个互动交易和沟通的平台。这里的交易是广义上的交易，比如买家到淘宝上买东西，卖家到淘宝上卖东西，网约车平台提供打车服务，等等。但是有一些人类活动并不是简单的商品服务交易，比如社交娱乐，我们在一个社交平台上相互交流，这种平台被称为多边平台。多边平台企业开展经济活动的途径是向用户推送广告、游戏，将用户进行分流，以用户的注意力进行变现。社交互动娱乐平台，其实也可以把它看作是一种多边市场。

由于交叉网络效应，平台吸引的买家越多就可能吸引更多的卖家，卖家越多也进一步吸引更多的买家，形成一个相互加强的正反馈。在现实生活中，如果一个经济现象能引入正反馈，就会出现强者越强、赢家通吃的局面。这是现在针对平台经济进行反垄断监管的一个非常重要的思路。其背后的逻辑是，由于存在交叉网络效应可能会造成一家独大，所以我们需要进行一定程度的反垄断。从这个角度来讲，交叉网络效应或者跨边的网络效应是平台经济运行的一个非常基础的特征。这种特征不仅在数字平台上存在，在传统的线下平台也同样存在。线上平台例如前文提到的信用卡平台，现在只有少数几个信用卡组织提供平台服务，包括银联、万事达、运通。线下平台例如大家比较熟悉的浙江义乌的小商品批发市场，它其实也是一个平台，并且在国内很少有其他地方能够取代。这是平台多边市场的交叉网络效应特征导致的一个非常重要的现象。

第二个特征：数据与算法驱动。这是数字平台特有的特征。对于第一种特征——交叉网络效应或跨边网络效应，只要是平台，不管是线下的还是线上的都存在这种效应。但线上数字平台和线下平台相比，产生的一个新特征就是依靠数据与算法来驱动。用户使用互联网登录各类平台时，平台可以利用数字技术对用户的行为进行跟踪，可以设置很多的 cookie 来收集数据并且借助大数据的方法对这些数据进行分析，从而掌握消费者的动向，对消费者进行非常精准的刻画，基本上能比较准确地知道你的住址、工作单位、月收入水平、对商品的偏好等。平台也可以清楚地掌握生产者的生产数据、销售数据、物流配送能力等，通过海量的数据分析生产者的情况。这里生产者既包括企业，也包括个体经营者，例如网约车司机。

有了数据，平台可以开发算法对这些数据进行分析和处理，从而提供更加精准的搜索。无论是购物时的搜索，还是在地图上进行搜索，平台都能精准识别和高效匹配，帮助用户进行决策。

借助数据与算法来驱动能够极大地提高平台的运营效率，特别是降低平台各方互动交易的成本。在经济学当中有一个非常重要的概念叫作交易费用，交易费用可以衡量在市场活动中大家为了完成搜寻、匹配、结算、物流运输所发生的各种费用和付出的时间精力。在很多传统的线下平台，尽管也存在交叉网络效应，但是由于交易费用太高，平台没有办法做得很大。对于线上平台来说，由于可以利用数据与算法的驱动，就能够实现有效的追踪、有效的计量，建立高效率的分销体系。现在，网上有很多自媒体在发布的文章后挂上商品的链接。如果你对这个文章感兴趣并点击链接购买了商品，这篇文章的作者就可以获得一定的分销提成。知乎和小红书上面有大量与此类似的进行分销的文章，这极大地降低了商品的交易费用，但目前这一点很难体现在统计数据中。从这个角度来讲，我一直认为没有办法准确衡量平台经济包括数字经济对经济的推动作用到底有多大。

第三个特征：注意力与流量竞争。在数字平台当中，我们需要把人的注意力从线下的世界转向线上的网络空间、数字空间，需要把大家的注意力转移到线上。所以在传统的互联网时代，平台经济、数字经济的发展较为缓慢，原因就在于大家没有办法时刻守在电脑前面。只能是下班回家后，大家才能去上网消费、娱乐等。但是，移动互联网的普及极大地改变了这一情况。中国的数字经济在很多领域是领先于全世界的，其中最重要的领域是移动互联网。在移动互联网时代，大家可以借助手机来上网，实现实时在线。实时在线意味着两点：第一，由于现在拥有手机的成本比较低，几百块钱就可以买一部能够上网的智能手机，使得上网的人数大大增加。第二，由于能够实时在线，每个人的上网时长能够大大增加。上网人数乘以人均上网时长即构成了数字经济全部的注意力资源。为什么中国的数字经济在很多领域能够领先全球？中国有 14 亿多人口，移动互联网的规模约为 10 亿多人口，有这样庞大的人口规模，再乘以实时在线的上网时长，每人每天约 4 个小时，这就是中国发展数字经济、平台经济非常重要的注意力资源，也就是我国在移动互联网时代的人口红利。

注意力资源最大的特点就是信息越丰富注意力越匮乏。这是 1978 年诺贝尔经济学奖得主赫伯特·西蒙提出来的。当时还仅仅是电视广播等传统媒介信息的时代，而现在互联网的信息量级远远超过当时的传统媒体信息，这意味着现在注意力是更加稀缺的。因此，不管是电子商务平台，还是社交平台、短视频平台，所有媒体平台经营者最大的焦虑就是如何去争夺用户注意力，如何去扩展自己的流量。华裔学者吴修铭是美国拜登政府在数字经济方面非常重要的一位幕僚，他在一本叫《注意力经济》的书里指出，在数字经济时代，注意力的争夺和流量的争夺是非常关键的。他的逻辑就是从注意力的角度说明如何参与平台经济治理。

三、平台经济的贡献与挑战

平台经济的贡献主要有以下几点。

第一，它能够为经济发展带来新的动能。由于它能够极大地降低交易费用，加强各主体间的互动，所以平台参与的经济活动非常有效率，非常有活力。2020 年，我国互联网相关企业的产值大约是 1.2 万亿元，增长速度达到了 12.5%。

第二，它能够降低交易费用，极大推动网络零售业务发展。2020 年，我国网上的商品零售总额达到了 11.76 万亿元，"618""双 11"等活动为社会扩大内需作出了非常重要的贡献。另外，平台经济也能为很多人提供就业的机会，比如做网约车司机、外卖骑手、在小红书等平台兼职等等。

与此同时，我们应该注意到，平台经济也有一些负面的影响，主要体现在挑战经济运行的秩序，具体包括以下三个层面的秩序。

第一个层面的秩序是在平台内部。平台企业由于拥有算法和数据上的优势，所以在一定程度上可能会损害各种类型平台用户的合法权益。把平台看作一个市场的话，这就是破坏了市场的秩序。

第二个层面的秩序是在平台企业之间，不同平台会滥用自己的垄断地位，进行不正当竞争，破坏行业的秩序。

第三个层面的秩序是经济秩序，由于平台需要借助流量来进行运营，因此一些流量巨头会把控流量，把流量作为资本投入相关的行业，带来了资本的无序扩张。早期很多数字企业、互联网企业，它们往往是去找 VC、PE 来进行融资，这也极大地推动了中国数字经济的发展。但是最近这些年，很多数字经济的创业企业往往会去找那些流量巨头进行投资。因为它们发现，光有资本是不够的，还需要流量，这样很多的互联网巨头就把它的流量作为一种资本来投入相关的企业，进行资本的扩张和平台的扩张。这些巨头有时并不是出于鼓励创新的角度来投的，导致现在中国互联网行业的江湖化和圈层化非常明显。

这三个层面的秩序问题，其实和前文讲的平台经济运行的三大特征是紧密相连的。这三大特征既决定了平台经济对我们经济发展的贡献，也为数字经济发展带来了秩序上的挑战。所以，平台经济治理的关键是在发展数字经济的同时让平台企业更好地参与秩序的构建。

根据对媒体和用户的问卷调查，消费者最关心的问题是个人数据滥用、个人隐私保护的问题，大数据杀熟的问题以及过度精准推送的问题。有人说，精准推送不是一件好事情吗？如果在购物的时候，推送特别心仪的商品给你可能是一件好事情。但如果在阅读信息的时候存在过度精准的推送，意味着我们只能看到喜欢看的信息，而不是应该看的信息。如果说你只是看你喜欢的，对于一些你应该看的信息不加以注意、不加以了解、不加以深入思考的话，很有可能会让你陷入信息茧房自我封闭。如果你的思想比较偏激，平台可能会多给你推送迎合你思想的观点，让你思想变得更加偏激，无法与真实世界进行有效沟通，进而作出错误的决策。

影响市场运行秩序的问题还突出表现在滥用垄断地位、进行不正当竞争的问题，例如平台强迫用户进行"二选一"。2021年，国家市场监管总局就处理了阿里巴巴、美团等平台企业的"二选一"滥用市场支配地位的问题。此外，还包括商品搭售、平台自我优待问题。商品搭售主要体现在很多企业推出的套餐定价、会员体系等，以此限制消费者的选择，获取较高利润。平台自我优待问题是指当平台企业开展自营业务时，会利用数据和算法优势，限制第三方商户的竞争优势，以保护自身自营业务的利益。例如，亚马逊有数据优势，知道什么商品畅销，知道用户大概愿意花多少钱购买商品，以及商品的成本，所以它把一些利润比较丰富的商品进行自我经营，并运用流量投放、页面展示、搜索排名等多种手段限制第三方商户的经营，或者即使不变成自营也可以通过调整平台的收费价格增加自己的收入。捆绑搭售和自我优待体现了平台企业利用自身垄断地位对平台用户和商户利益的侵蚀。

　　因此，从秩序的角度来看，平台治理的核心就是要构建适合数字经济发展的秩序，要让平台企业成为秩序的建构者、维护者。平台经济的发展实际上需要多方共同参与治理，这和现有文献中强调政府监管的思路是不一样的。很多人认为，当平台经济出现问题、平台企业行为不当时，就应该请国家市场监管总局、网信办、工信部、国家新闻出版署等政府相关监管部门介入监管，这样的监管思路是传统的。

四、我国对平台经济的监管

　　我国对于平台经济监管的认知有一个变化过程。一开始，我们对平台抱着一个相对宽容审慎的态度，其他国家也是如此。美国在1998年通过的《千禧年数字版权法》中提出了避风港原则。避风港原则是指，用户发现平台有侵权行为，用户通知平台，平台删除就可以了，也叫作通知删除规则。如果用户不通知平台，平台就可以安然无事。这为早期的一些门户网站，比如雅虎、谷歌的发展提供了非常宽松的监管环境。当然，对于一些明目张胆的侵权行为，即使用户不通知，平台也不可以实施，这叫作红旗原则。红色是醒目、非常显眼的意思。如果能够非常明显地判定网站的内容侵权，这时候即使用户不投诉，平台也应该把它删除。红旗原则相对避风港原则对平台的要求更高了一步。在很长一段时间里，这是政府部门监管互联网平台的两个最核心的原则。

但是，在过去一两年里，这两个原则开始被突破。首先是欧洲提出守门人原则（Gate-keeper Principles），即如果一个平台的用户数量足够多，营收能力也比较强，成为人们进入网络世界的主要门户，在这种情况下，运行该平台的企业就成为守门人，需要主动承担一些治理责任，如保证用户数据安全、平等开放平台接入机会等。其次是美国提出广覆盖平台（Covered Platforms）的概念：即当某一平台拥有足够多的用户后，往往也会开展多种互联网业务，使得其覆盖人们生活的许多方面，因此被称为广覆盖平台。这些广覆盖平台也需要承担更多的责任，特别是在保护公平竞争和鼓励创新方面。守门人原则和广覆盖平台概念的提出表明世界各国对平台经济的监管态度发生了重要变化，从过去的比较宽松包容变成开始监管，从过去依靠反垄断法等法律进行事后监管，到开始强调利用一些规制手段进行事前监管。

我国也开启了这一过程。早些年，互联网行业在中国可以说是"野蛮生长"，宽松的环境带动了行业的发展，但也产生了非常多的问题。最近几年，对于中国互联网经济、数字经济的发展，不管是立法还是执法都明显得到了加强。不仅出台了十几部相关法律，还加大监管力度，仅 2020 年针对互联网行业集中度，就查处了 70 多例案件。所以说，这儿年是对互联网行业、对数字经济加强监管的时期，甚至有人把 2020 年称为中国数字经济监管元年、互联网行业监管元年。

我认为，对平台经济尽管有必要加强监管力度，但更重要的是改变监管方式：即从过去政府部门的单一监管转变为有平台企业参与的双重监管，让平台企业也作为一个监管者参与到平台经济的治理当中。

为什么平台企业可以成为一个监管者？有主客观两个层面的原因。从主观的角度来看，各种类型的平台组织越有序，平台的活动就可以吸引更多人来参与，平台的数据优势就越大，平台就可以进一步借助数据优势来获益，获得更好的收入。从这个角度来讲，秩序就意味着收益，良好秩序就意味着良好收益。因此，从平台的角度，它是有比较强的主观性的。

早些年很多人抱怨淘宝上的假货太多，后来在治理过程中，淘宝借助自身的数据优势开发出非常好的打击假货和高仿货的手段，假冒伪劣货物一上架平台就可以监控出来。一些三四线城市的集贸市场、商品批发市场里的假货甚至比平台上的假货多。换句话说，平台在打击假货方面实际上是有能力和优势的。当其认识到假货从长期来看会损害平台利益时，就会有很强的动机去打假。

这是商品交易平台的例子，其他各类平台也同样如此。手机中有一个下载 APP 的渠道是应用程序商店。苹果的应用程序商店对应用程序的一些不恰当行为，比如窃取用户数据的行为等会进行十分严厉的管控与处罚，对窃取用户个人隐私的APP的打击力度非常之大。当绝大部分平台企业认为秩序就是自己收益的来源时，就会有非常强的主观能动性去参与平台秩序的维护。

另外一方面，从客观的角度来看，平台企业参与数字经济参与平台经济秩序维护有非常有效的手段。它有数据和算法的优势，可以借助数据和算法对一些平台参与方的不当行为进行实时的跟踪监控，进行过程监管。比如入驻平台的商户要交抵押金或者管理费，平台通过下架商品、关小黑屋、没收抵押金等一系列灵活多样的市场手段，对平台参与方的行为进行实时的校正。所以，平台企业在客观上具有足够的能力和手段去充当监管者。

前文中我把秩序大致分为三类，分别是平台内部的市场秩序、平台企业之间的行业秩序以及整个社会的经济运行秩序。如果平台企业可以作为一个监管者进入数字经济秩序的构建与维护中，第一，平台企业可以参与平台内交易秩序的责任维护；第二，平台可以作为一个商业生态系统去构建商业生态相互的协作秩序；第三，平台可以参与维护行业竞争秩序，例如金融领域秩序的稳定及社会公共秩序的维护与构建。

经济学中维护秩序相当于提供公共产品，而维护平台内交易秩序的受益者主要是平台内部各方，类似于提供一个俱乐部产品，给一部分群体提供公共的服务。在一个商业生态系统中，维护生态成员之间相互协作的秩序，实际可以看作是一个扩大型的俱乐部。而行业的竞争秩序，可以认为是在行业层面上提供公共产品，相当于提供完全的公共产品。不同类型的平台由于涉及的用户层面不一样，所提供公共产品的范围和性质也有所不同，我们可以根据这些把平台进行一个恰当的分类。市场监管总局根据平台维护公共秩序所承担的责任，把平台分成六大类，并根据平台提供的秩序责任的不同进行责任的界定。

当平台企业作为一个监管者加入，就需要考虑它和现有的政府监管部门之间应该如何配合的问题。把该由政府做的交给政府，该由平台做的交给平台，这就是"上帝的归上帝，凯撒的归凯撒"的含义。

对于政府和平台两个监管主体，一个是借助公共权力进行监管，称为公共监管；一个是借助私人的权利监管，称为私人监管。这两个监管主体应该如何进行协同？我们主张要以平台的私人监管为主，政府的公共监管为辅。内在的逻辑是，平台的私人监管可以借助平台企业的数据和算法，通过灵活的手段进行动态的实时监管，能够及时针对平台上的商户作出响应，而行政手段调查取证相对较为低效。所以从提高监管效率的角度来看，应该以平台企业的私人监管为主。

在以私人监管为主的情况下，政府的监管和平台的监管应该如何进行分工？我们提出的观点是按照监管的过程进行分工。我们把监管按照过程分成三个阶段：事前监管、事中监管以及事后监管。

事前监管就是指对平台经济主体的资质要求，也可以简单理解为是一种资质监管。在过去，由于政府缺乏有效的过程监管和事中监管的手段，所以政府的监管往往是抓两头，一个就是事先对平台企业的资质提出很高的要求，例如政府针对互联网金融科技行业提出持牌经营等。事后监管就是如果平台企业做了违背消费者利益、违背社会公共利益的事情，政府可以进行处罚。

由于平台企业能够借助数据算法各方面的优势，可以对商户以及各类主体在经营的过程中进行过程监管和事中监管。因此，政府的资质监管可以适当地放宽。比如说入驻美团、饿了么等外卖网站的商家，他们如果要开一个线下店，需要工商许可、卫生许可、消防安全许可等资质要求。但现在有了平台企业对经营过程进行的事中监管，事前的资质要求就可以适当放松。中国这几年进行商事制度改革，要求证照分离，逻辑就是有了平台的事中监管之后，事前监管可以适当进行放松。同样，对于政府部门的事后监管，由于平台在事中就可以利用市场手段进行处罚，事后的行政处罚也可以适当放宽。为了鼓励平台企业正当履行它的监管职责，政府部门也应该要求平台企业在事后承担相应的连带责任，即事后处罚不仅要处罚商户，对相应的监管平台也要处罚。

此外，为了更好地实现平台经济治理，还要开放更多社会主体参与到平台监管中，包括新闻机构的舆论监督，以及行业协会在行业层面的规范自律性引导等。

同时，促进平台经济发展还要发挥资本市场的作用。早些年，很多数字经济的企业到美国上市时，遭到了一些做空机构的阻击，虽然其中可能包括一些不当的阻击行为，但从总体上来讲，做空的力量可以对互联网行业和整个资本市场起到一种净化的作用。如果没有做空，只有做多，大家只能看到利好的消息，在这种情况下反对业绩造假的力量就很少。但如果引入做空机制，就会使这些平台企业受到更多的资本监督作用。

此外，平台内的经营者可能会由于平台经营方的自我优待而损害利益，而这些平台的参与者数量众多，每个个体缺乏积极性来维护自己的合法权益。如果能够引入集体诉讼的制度，鼓励相关的法律服务机构代表这些分散的用户去主张自己的权益，也可以更好地去限制平台企业的一些机会主义。当然，关于做空机制和集体诉讼制度对平台经济的影响，在学术上还要做进一步的研究，但是从逻辑上来讲，这两种机制也能够帮助我们更好地治理平台。

第五讲

平台经营者集中与反垄断监管

主讲人：孙震

孙震，清华大学社会科学学院经济学研究所副教授，博士生导师，加州大学伯克利分校博士，研究方向为创新经济学、发展经济学和数字经济。在数字经济领域，关注数字技术和互联网科技对企业效率的提升，平台策略、平台竞争与市场效率的关系等。研究成果发表在 *Nature-Biotechnology*、*China Economic Review*、*Research Policy*、*Computational Economics*、《中国工业经济》等国内外权威期刊上。

（扫码观看讲座视频）

内容提要

本讲首先回顾了我国平台经济领域反垄断的现状与难点。反垄断的目标是鼓励创新、促进充分竞争，不是反对企业规模做大，因此反垄断存在重要的利弊权衡：第一个是静态利弊权衡，垄断会提升规模、降低成本、提高效率，可能促进社会福利的改善，但也可能导致用户福利的损失；第二个是动态利弊权衡，垄断带来的超额收益是企业创新的重要动力，但"在位"垄断者有能力和动机阻碍进一步的创新。平台经济领域反垄断的难点表现在：第一，双边网络外部性的存在使得大平台可能是更有效率的；第二，如何界定相关市场；第三，数据、流量、算法等的使用带来了产权界定的新问题，提高了垄断行为的隐蔽性，增加了监管成本。

接着，本讲开展了关于平台市场经营者集中的经济学分析。基于我国平台市场寡头竞争的市场结构和争夺用户注意力的特点，平台合并后往往会保留原有入口。基于此，平台合并后面临是否调整经营定位、是否整合原有市场这两个重要的策略选择。建模分析发现，合并平台为了最大化自身利润会最大化参与合并平台之间的差异化程度，降低彼此竞争；但合并平台不一定选择整合市场。用户更希望合并平台整合市场但不改变经营差异化程度。当双边网络外部性强度和合并后成本下降幅度较小时，平台和用户的最优选择恰好相反，平台合并一定会带来用户福利的下降，即使合并后监管部门要求平台整合市场，也只会在双边网络外部性强度或成本下降幅度较大时才有用户福利的上升。此外，模型指出，如果合并平台的平台费低于合并前或低于未参与合并的平台，一定有合并后的用户福利高于合并前。平台费是监管部门易于观测的变量，这对反垄断监管具有较好的借鉴意义。因此，面向平台，如果合并没有带来成本下降，仅依靠更大流量带来的更高双边网络外部性则难以提升用户福利；面向监管，在审查合并申请时，可以要求平台提供合并后成本下降的情况或者测算的合并后平台费的大小，并结合上述研究结论进行监管。

随着《"十四五"数字经济发展规划》的发布，数字经济的发展已经成为我国的重要国策。平台经济是数字经济的一种组织形式，它在过去几年为我国的经济发展提供了新的动能，极大改善了消费者福利。与此同时，平台经济的发展也表现出了一系列竞争的问题，一方面，随着我国平台经济、互联网产业的发展，资源越来越向头部平台集中，小企业、小平台的进入门槛越来越高，大家对平台经济的进一步发展、是否能充分竞争产生了一些疑虑；另一方面，平台经济因为数据、资源、算法等各方面的优势，展现出很多不规范竞争的行为，如"二选一"、大数据杀熟等；同时平台经济行业有着非常活跃的投资、并购等一系列的经济现象，这些现象都会引起反垄断相关问题的一些讨论。本讲集中讨论平台市场经营者集中的反垄断监管，在回顾我国平台经济领域反垄断的现状及难点的基础上，探讨了平台市场中经营者集中的经济学问题，用简单的经济学模型，分析经营者集中可能带来的平台、用户双方福利变化，并为反垄断监管提供富有操作性的判断依据。

一、平台经济领域反垄断的现状与难点

我国在 2008 年正式颁布了第一部《反垄断法》，根据我国的国情和当时的现实状况，其主要的执法纲领是"打破行政性垄断，防止市场垄断"。行政性垄断主要是指行政机构制定的一些阻碍全国统一大市场形成的政策，所以首先要打破行政性垄断，然后要防止市场垄断，这是和其他国家较为统一的反垄断模板，希望通过反垄断的政策支持创新，维护一个公平竞争的经济秩序。反垄断主要针对的垄断行为可以分为如下四类：一是垄断协议，主要是指不同厂商之间通过制定一些协议，降低彼此的竞争，获得更高的市场地位和话语权。最主要的是价格协议，比如两个彼此处于竞争地位的厂商通过制定协议约束彼此降价竞争的行为，从而抬高价格，增加自己的利益，损害消费者的利益。二是滥用市场支配地位，主要是指具有市场支配地位的企业限制与其进行交易的相对方的行为，比如不允许其进行某些交易，或对交易的价格、数量等进行限制；还表现为具有市场地位的企业针对不同的顾客制定出不同的价格，对一些顾客进行不公平对待。三是排除、限制竞争效果的经营者集中。所谓经营者集中就是厂商通过合并或者入股、协议控制等方式，使得市场从具有多个竞争者的状态，变成只有少量的竞争者，甚至一家独大的状态。反垄断监管的重

点是判断经营者集中行为是否有可能并且有能力排除、限制竞争。这三类是和国际上接轨的在市场范围内反垄断的行为。最后一类是针对我国国情特别提出的，滥用行政权力排除、限制竞争的行为，主要针对地方行政机构。四类垄断行为的监管难度可以理解为是依次递增的。制定垄断协议的垄断行为一旦被发现，证据是确凿的，对此相关的处罚也是比较容易执行制定的。针对滥用市场支配地位行为的监管就会稍有困难，这里面至少有两个关键词，一是"市场支配地位"，也就是说企业得具有市场支配地位，才有进一步实行垄断行为的基础。而如何界定市场支配地位不是一件容易的事情。二是"滥用"，什么叫作滥用了市场支配地位？这需要监管机构逐个案例进行判断，并不容易。第三类就更难了，经营者集中本身并不是违反《反垄断法》的行为，因此，排除或者限制竞争效果的经营者集中，同样需要具体问题具体分析，实际执法中面临很多的难点。

在这样的背景下，2021 年 11 月，国家反垄断局正式挂牌成立，这也标志着我国的反垄断工作进入了长期化、常态化和制度化的阶段。与此同时，我国反垄断工作中一个非常重要的阵地慢慢转向了平台经济领域。标志性事件是 2021 年 2 月，国务院反垄断委员会出台了《关于平台经济领域的反垄断指南》，在反垄断法的基础上进一步细化了平台经济领域垄断行为的界定及监管标准。与此同时，2021 年被称为我国反垄断的"大年"，也被称为平台经济反垄断的"元年"。2021年4月，阿里巴巴因为"二选一"的行为，收到182.28亿元（阿里巴巴2019年的营业收入的4%）的罚单。虽然从国际上来看，这一针对反垄断的罚单数额算不上特别巨大，但在中国已经是一个大价罚单，刷新了我国反垄断行政处罚的纪录，数额上超过了之前我国因为反垄断进行经济处罚的总额。不仅如此，2021年7月，美团也因"二选一"的行为被立案调查，并且收到34亿元的巨额罚单。这两个事件标志着我国针对平台经济领域的反垄断进入了强力执法的阶段。

尽管有这两个标志性事件，但是事实上2021年平台经济的反垄断案件主要集中在上述的第三类垄断行为，即经营者集中。2021年市场监管总局对违法实施经营者集中案作出了很多的处罚，总数达一百多件，超过了《反垄断法》制定以来过往年份的案件总数，目前的主要处罚为"未依法申报违法实施的经营者集中"。图5-1为2014—2021年我国未依法申报的实施经营者集中案件数量的不完全统计，可以看到从"十三五"期间到2021年，违法实施经营者集中的案件数量有非常明显的上升。

《反垄断法》对于经营者集中的审查，强调的是经营者集中是否具有排除、限制竞争行为的能力和动机，实际上这方面的审查并不容易，所以过去所有的这些案件处罚的基本都是未依法申报，也就是说这些企业进行了经营者集中的行为，达到

（单位：件）

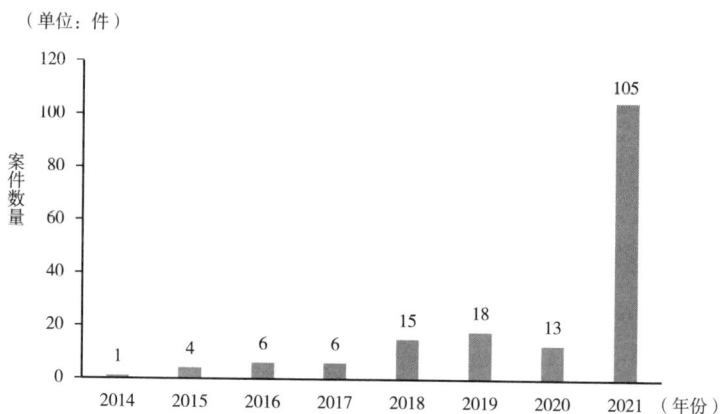

图 5-1　2014—2021 年我国未依法申报的实施经营者集中案件数量

了国务院反垄断局的申报标准，但是没有申报，因此就要进行相应的处罚。按照《反垄断法》明确的细则规定，如果依法申报进行审查之后，认为不应该集中，反垄断局有权利要求双方回到集中前的状态；如果审查之后认为经营者集中的行为不具有排除或者限制竞争行为的能力和动机，这样的集中是可以被批准的，但会给予行政处罚，顶格处罚是 50 万元，相比较前文提到的那些反垄断的行政处罚，额度是非常小的，但是这一点将会发生变化。2021 年我国公布的反垄断法修正草案里，一个非常重要的调整就是针对经营者集中的，一方面，对未依法申报违法实施经营者集中的行政处罚，顶格处罚从之前的 50 万元提高到 500 万元；另一方面，如果监管机构认为双方的经营者集中行为，具有排除或者限制竞争行为的能力和动机，可以处以前一年的经营额度最高 10% 的行政处罚。随着反垄断法修正草案的颁布，未来对经营者集中的审查和处罚很有可能会成为一个重点。

反垄断监管存在很多的利弊权衡。反垄断立法最主要的目标是鼓励创新、促进充分的竞争，并不是反对企业的规模做大。反垄断监管最基础的两类利弊权衡，一个是静态的利弊权衡，考虑一个静止的状态下垄断或者不垄断利益相关方的福利变化，另一个是动态的利弊权衡。

垄断通常提升了规模、降低了成本，有可能提高了效率，这些都有可能促进社会整体福利的改善。同时我们也有一些生活中的体验，垄断有可能导致用户福利的损失。

（一）静态利弊权衡

我们经常听到要做大"蛋糕"，"蛋糕"是什么意思？可以想象当对一个商品的支付意愿高于商品的生产成本时，中间的差值可以理解为社会具有的蛋糕。所以垄断行为通过降低成本、提升规模，在这个过程当中是有可能做大蛋糕的。垄断提升了规模，在垄断过程中开拓了新的市场，这样就会有更多的人愿意购买这个产品，使用户的支付意愿提高。比如平台经济具有双边网络外部性，一方的用户越多，另一方的用户福利就越高，两个平台经过合并形成了一个更大的平台，任何一方的用户数量都得到了增加，对另一方的用户来说，他的福利也得到了提升。同样表现在图5-2中，用户的支付意愿是有可能提升的。在这个变化过程当中，社会的蛋糕是变大的。同理，在规模提高的过程当中，可能因为匹配效率等技术的应用使得市场流动性更好，在图5-2中简化为使得生产者成本下降，这两个过程都会让蛋糕做大。

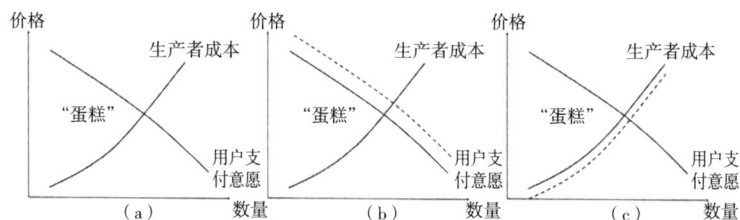

图5-2　反垄断监管的静态利弊权衡

　　不断做大蛋糕是经济发展的重要基础，所以从这个角度讲，垄断本身有其有利的一面，那么可能导致的用户福利损失是什么呢？我们在刚才讨论过程当中，只讨论了这个蛋糕有多大，并没有讨论这个蛋糕在生产者和用户之间是如何分配的，或者说在平台经济中，这个蛋糕在平台和用户之间是如何分配的。在生活中有很多这样的体验，比如说外卖平台的出现使得购买外卖的消费者和商家的匹配效率提升，但是双方的福利是不是得到了显著的提升？近几年也有很多争议和讨论，特别是商家层面有很多抱怨，他们发现尽管效率提升了，但是自己似乎并没有得到更多的利润增加。从增量竞争转向存量竞争的过程当中，我们尤其担心垄断导致的用户福利的降低，如图5-2（a）

所示，垄断这个过程并没有带来成本的下降，也没有带来用户的支付意愿的提升，而在这种情况下如何分配蛋糕，这就是所谓的存量竞争，也就涉及我们刚才提到的关于垄断监管的一系列问题。比如说价格垄断协议，特别是横向价格垄断协议，即两个本来是竞争关系的厂商之间通过协议的方式制定一个彼此能够获得更高利润的价格，横向价格垄断协议通常被认为是最明显、最直接损害市场竞争效率的垄断行为。大数据杀熟、"二选一"都属于在存量蛋糕里，平台通过数据、流量、算法分得一块更大的蛋糕，留给用户一块更小的蛋糕，这是垄断可能带来的损失。

2021年颁布的《关于平台经济领域的反垄断指南》特别提到了"轴辐协议"。轴辐协议是指平台作为一个核心厂商，有可能通过一些方式和入驻平台的商家挨个制定一些协议，使得在商家彼此并没有碰面的情况下，通过平台而形成一个统一的价格。它的特点是平台和厂商之间类似上下游的关系，因为上下游之间不属于直接的竞争关系，所以它们之间制定价格的协议通常不会受到监管部门的特别关注。但是轴辐协议以纵向协议的方式制定出来一个横向的价格协议，统一了处在竞争关系的商家之间的价格。这些都属于可能导致用户福利损失的方面。

（二）动态利弊权衡

一方面，垄断会给企业带来超额收益，超额收益实际上是企业进行创新的重要动力，所以拥有垄断这样的超额收益，对企业来说是进行创新的重要动力。如果反垄断的力度太大，使得企业进行相应创新以后没有办法获取相应的超额收益，可能会影响企业创新的动力。与此同时，另一方面，垄断者一旦获取了市场垄断地位以后，它有动机甚至有能力阻碍进一步的创新。例如在平台经济中，一个平台一旦获得了市场垄断地位以后，它可以通过各种各样的方式来限制新上位的企业（平台）进入它的市场，特别是平台可以通过不给一些竞争者流量和数据来阻碍竞争者进入市场。现在掐尖式并购越来越受到监管机构的注意，平台企业一旦发现有一个新的企业表现出很强的竞争力，就会利用已有优势购买新企业，将其并入到自己的发展过程当中，甚至有可能把它扼杀在摇篮里。即使在位的垄断者不通过这些明显的滥用市场支配地位的行为去阻碍进一步的创新，只要当市场具有一个显著的规模效应的时候，在位企业就有能力阻碍进一步的创新。

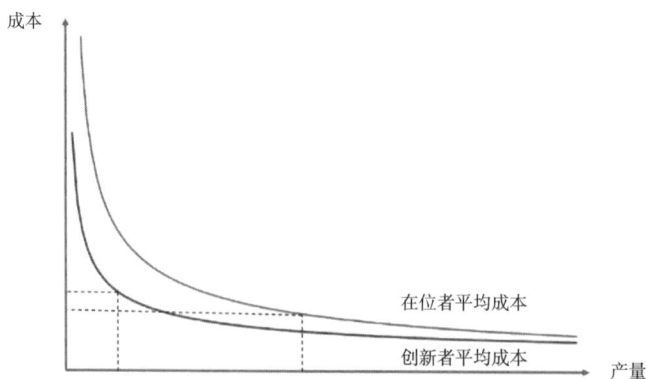

图 5-3　反垄断监管的动态利弊权衡

图 5-3 显示了在具有显著规模效应的市场下，两个企业的平均成本。对于每一个在这个市场运作的企业，当企业的产量增加的时候，平均成本会逐渐下降。我们假设市场中有一个在位者，现在市场里出现了一个创新者，它的平均成本更低。理想状态下，我们希望创新者赢得这场竞争，以更低的成本来完成生产活动。但是因为具有规模效益，在位者目前已经占据了市场很大的份额，它可以在更高的产量上生产，而创新者刚进入的时候占据的市场份额很小，它只在很低的份额上生产，因此在创新者刚进入市场的时候其生产的产品的平均成本依然高于在位者。尽管从技术上看，在位者的技术水平并不具有优势，但在位者的降价能力大于创新者，这就给在位者留出了利用价格武器来阻碍创新者进入市场的能力。当然这个权衡本身也非常有趣，从监管的角度讲，在位者是不是完全不应该具有阻碍创新者进入市场的能力？因为我们知道创新都是阶梯式的，未来的创新者的创造发明是基于市场上的在位者，创新者看到了在位者的东西，获得了相应的知识，至少有一些相应的概念，在此基础上进行进一步的创新。我们可以想象，创新者之所以成本更低，很有可能是其通过一些方式向在位者进行了学习。所以如果在位者完全没有能力阻碍学习他的人进一步进入市场的话，本身会削弱创新者进行第一步创新的动机。所以这里面的利弊权衡是非常有趣、非常复杂的。

在此基础上我们可以总结一下在平台经济领域进行反垄断的难点。首先也是最根本的，平台市场存在双边网络外部性，一边用户的增加，会使得另一边用户的福利上升，这样的双边网络外部性使平台规模的增加有可能提升效率。而平台规模增加是互联网平台里非常常见的一种现象，投资并购是其实现融合创新和广泛生态布局的重要方式之一。所以在这样一个活跃的市场里面，由于双边网络外部性的存在，考虑到前文提到的反垄断本身的利弊权衡，很多学者建议针对平台市场的反垄断监管，特别是针对平台市场经营者集中问题的反垄断监管，应该采取一个善意忽视的态度。因为我们看到规模效应本来就可能带来效率的提升，平台市场还存在双边网络外部性，会进一步促进大平台效率的提高。在这样的情况下，对它的监管理所应当要更谨慎，但是这方面的研究目前还处于初步的阶段。

平台经济领域的反垄断还有很多其他的难点，比如如何界定相关市场。反垄断监管的垄断行为里有一大类叫作滥用市场支配地位，这里有一个关键词叫作"具有市场支配地位的厂商"，这必然需要界定一个相关市场，这个问题在传统市场里相对来说比较清晰，但在平台市场里的界定就非常困难。比如2021年初抖音起诉腾讯在QQ、微信这些即时通讯工具中屏蔽了抖音相关的链接，属于滥用市场支配地位。腾讯受到这样的诉讼并不是第一次，而腾讯提出的主要的辩解，就是首先需要界定什么叫作相关市场。这些即时通讯工具的相关市场不仅仅是即时通讯平台，它同时在娱乐、工作这些场景下运作，而在这些市场里，腾讯可以说自己的即时通讯软件并不具有市场支配地位。比如在工作相关的即时通讯市场里，还有很多像钉钉这样的和它形成充分竞争的厂商。因为平台企业广泛进行跨界经济活动，界定相关市场就变得非常困难。另一方面，因为平台企业的双边甚至多边网络外部性，使得界定相关市场需要考虑双边甚至多边市场的行为，会带来进一步相关的法律和经济学的问题。

第三个监管难点是数据、流量、算法等的使用带来的产权的问题，也提高了垄断行为的隐蔽性。很多年前在互联网企业里就经常听到"羊毛出在狗身上，猪来买单"，所以这使得监管发现垄断、界定垄断的成本非常高。这里面法学家、经济学家可以进行的研究也非常多。

二、平台市场经营者集中的经济学分析

针对中国平台市场的一些特征，我们对平台市场的经营者集中做了一个经济学分析，并且基于此，对于反垄断监管提出了富有操作性的政策建议。前文提到过去一年针对平台市场反垄断的案件，从数量上来讲主要是针对平台市场经营者集中进行的，而平台市场经营者集中有一些明显的特点。

图 5-4 平台市场经营者集中的案例

图 5-4 为平台市场经营者集中的三个案例——京东与 1 号店在 2016 年的合并、美团和大众点评的合并、携程网和去哪儿的合并。可以看到，在我国目前的发展阶段，任何一个市场都不存在一家独大的状态，合并前、合并后仍然都处于多平台寡头竞争的状态。比如京东与 1 号会员店合并之后，还有天猫、拼多多等一系列强硬的竞争对手；美团和大众点评合并之后，还有饿了么与之势均力敌；携程和去哪儿合并之后，也有飞猪、同城等一系列的竞争方，所以它依然处于一个多平台寡头竞争的阶段，这是我国平台市场的第一个特征。

第二个特征更为重要，就是对流量的争夺。平台经济争夺用户流量，而用户流量是一个稀缺资源，所以平台企业的合并和传统企业的合并有一个非常大的差异，因为消费者已经形成相应的消费习惯，平台合并之后通常并不会取消原有平台的入口（APP），从而降低用户的迁移成本。合并前后的变化只是合并的平台现在是在一个持有者的领导下，最大化总利润，这种新的组织形式与我们传统分析企业合并之后的竞争形态是完全不同的。

在这个背景下，我们结合实际，意识到平台合并之后的决策主要有两个：一是它是否会调整原有的两个平台的经营定位，二是它是否会整合原有平台的市场。整合市场就是使得原有平台的用户可以交一份平台费而使用参与合并的所有平台。在这两个策略选择下，平台合并是否如很多学者所说，可以在很大的程度上带来用户福利的提升，从而针对平台合并应该采取善意忽视的态度？

图 5-5 为模型基本框架。我们假设最初市场里有三个平台，圆圈代表市场，平台争夺市场上的位于三家平台之间的用户，用户和平台的距离代表了用户对平台的喜爱程度，用户会去离他最接近的一个平台上进行交易，后来平台 1 和平台 2 进行了合并。平台合并会带来两个方面的好处：一是双边网络外部性，使得平台合并带来更大的福利改善；二是考虑到平台合并可能带来效率的提升，所以它可能会带来成本的下降，也会进一步带来利润的提升。

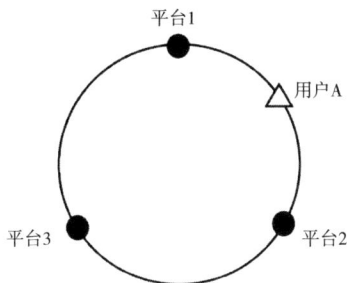

图 5-5　基础模型

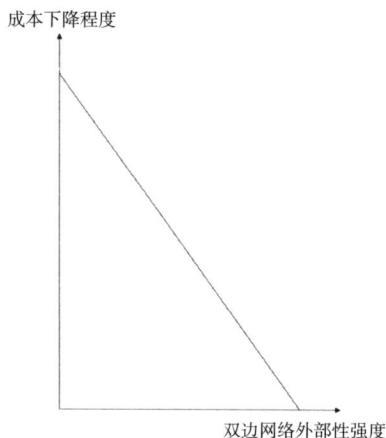

成本下降程度

双边网络外部性强度

图 5-6　参数约束条件

　　图 5-6 的三角形是双边网络外部性以及成本下降所需要面临的一个约束条件，这个约束条件意味着我们接下来的分析都在三角形里进行。约束条件也很容易理解，如果平台合并之后会带来非常大的成本下降，合并平台是有能力很快吞并第三个独立平台的，就不会形成一个多寡头竞争了。既然我们看到仍然是一个多寡头竞争，成本的下降一定不是特别大。同理，网络外部性强度也有上限，否则如果网络外部性强度很大，就可以想象任何一个平台稍微降价就会吸引过来一些用户，进而对另一边的用户产生吸引力，双边用户的互相吸引会无止境地进行下去，市场很快也会变成一家独大。既然市场是一个寡头竞争的状态，那么成本下降的程度和双边网络外部性的强度一定存在一个上限，在我们具体的研究里，这些都可以通过推导

给出具体的赋值。

接下来我们不进入复杂的理论推导，主要看一下我们发现的一些结果。我们假设平台1和平台2进行合并，合并平台为最大化其利润水平要增大内部平台经营定位的差异化程度，平台之间定位的差异化程度越大，彼此的竞争就越小，所以合并平台有动机最大化原有这两个平台的差异化程度，以降低它们彼此之间的竞争，相对地就提升了它们与平台3之间的竞争。另一方面，合并平台是否会整合原有平台1、平台2之间的市场？答案是不一定。但是整合市场意味着一个平台的用户可以享受两个平台的对方用户带来的正外部性，所以整合市场对于用户福利的提升是有利的。

在这个基础上，我们可以依据合并平台是否改变经营定位、是否整合原有市场将平台合并之后的策略分成四种（见表5-1），分别为策略①、策略②、策略③、策略④，考察平台合并之后的策略选择及相应的用户福利变化情况，并探讨监管的必要性。

表5-1　平台合并后的四种可能的经营策略

	不改变经营定位	最大化经营定位差异
不整合市场	策略①	策略②
整合市场	策略③	策略④

经计算，在图5-6所示的取值范围里面，合并平台采取

的最优策略是不一样的，其最优策略选择如图 5-7 所示。

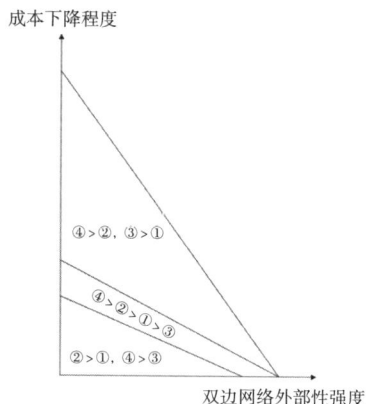

图 5-7　合并平台的最优策略选择

　　特别地，当成本下降的程度比较小以及双边网络外部性的强度比较小的时候，平台会选择策略②，即最大化经营定位的差异，但是不会去整合市场。只有当成本下降程度或双边网络外部性强度很大的时候，才会选择策略④，整合市场并且最大化经营定位的差异。最大化经营定位差异在直觉上很好理解，是否整合市场在直觉上还不太好理解，我们可以想象当平台合并以后，如果选择整合市场它会面临更强的双边网络外部性，此时如果平台选择降价，则会吸引更多的用户。因为还有平台3 和它竞争，合并平台会面临降价和吸引更多用户之间的权衡，这个权衡就取决于降价和用户数量增加的程度，只有当成本下降程度很大，或者双边网络外部性强度很大的时候，它才能做到只降价一点点，但是可以增加很多用户，此时合并平台才愿意整合市场，否则不愿意整合市场。值得注意的是，图 5-6 画的三角形范围是参数取值的上限，大多数研究认为双边网络外部性的相对强度实际上是比较小的，所以我们可以认为对于现实生活里的市场，议两个参数落在的范围很有可能是下面小三角形区域中，也就是平台合并之后，很可能是策略②对它来说更有吸引力。

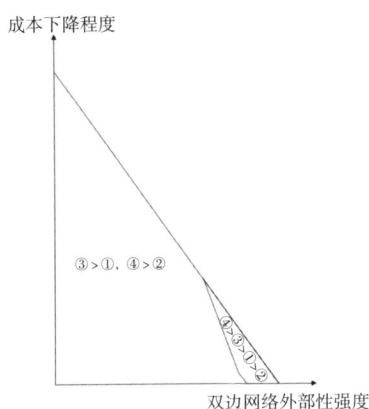

成本下降程度

③>①, ④>②

④>③>①>②

双边网络外部性强度

图 5-8　四种策略下的用户福利对比

在这个基础上，我们考察以下四种策略下用户福利会产生什么样的变化（见图 5-8）。我们发现在大多数的取值参数取值范围里，用户都希望出现策略③，整合市场但是平台不改变经营定位。直觉上也很好理解，整合市场带来更多的另一边用户，因此对消费者来说使用平台可以获得更高的福利；不改变经营定位意味着平台更均匀地分布在市场的不同位置（偏好）上，消费者去平台获得服务的便捷程度会更高，所以实际上消费者更喜欢策略③。

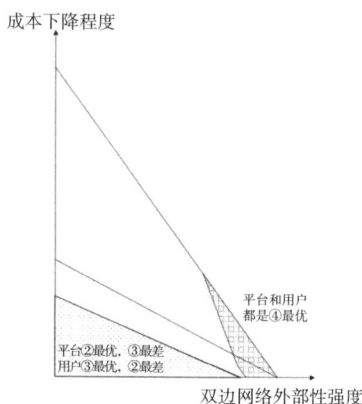

图5-9　平台利润—用户福利对比

当我们把平台和消费者偏好的策略放在一起对比的时候（见图5-9），就会发现一个非常有趣的问题，上文中提到在现实市场里最有可能的参数取值范围内，平台最喜欢的是策略②，但消费者最喜欢的是策略③。不仅如此，我们还注意到，对平台来说策略③是它利润最差的情形，而反之对消费者来说策略②是用户福利最糟糕的情况。平台最喜欢的情况和用户最喜欢的情况恰好是完全相反的，这会带来一个非常严重的问题，意味着当市场在没有监管的情况下，平台大概率不会采取有利于用户福利改善的合并策略。

在此基础上，我们进一步讨论平台合并前后用户福利的对比（见图5-10）。当平台选择策略②的时候，虚线以上为用户

成本下降程度

合并平台
采用策略②时,
用户福利
高于合并前的区域

平台②最优,③最差
用户③最优,②最差

双边网络外部性强度

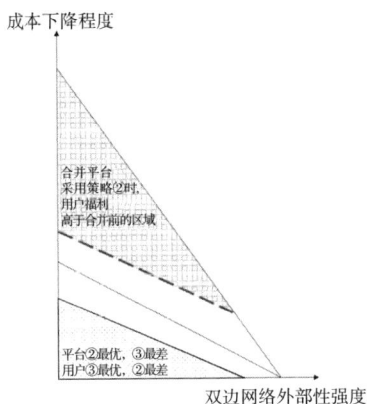

图 5-10　平台选择策略②时合并前后用户福利对比

福利高于合并前的区域,我们注意这两个区域完全没有交集,
也就意味着当平台采取策略②的时候,平台合并一定带来了用
户福利的下降。此时如果引入监管,要求市场经营者集中以后
必须打通市场,对于用户福利的改善也是有限的。

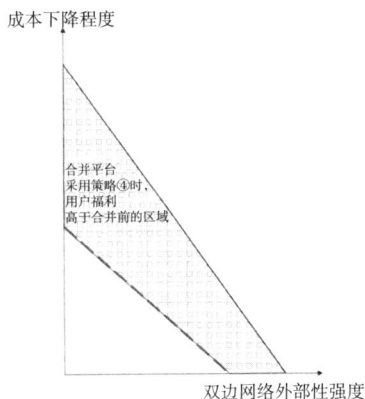

成本下降程度

合并平台
采用策略④时,
用户福利
高于合并前的区域

双边网络外部性强度

图 5-11　引入监管合并前后用户福利对比

引入监管后平台的最优策略为策略④，图 5-11 中虚线以上为策略④对应的用户福利上升的区域，虽然这个区域很大，但是仍然要求平台合并的过程带来比较大的成本的下降，或者市场本身具有比较强的双边网络外部性。

三、为反垄断监管提供判断依据

上述分析非常理论，其结论有可能不足以为监管部门提供一些判断依据。比如说监管部门可能难以获得平台运营成本下降幅度的实际信息，而交叉网络外部性的相对强度有多大，估计起来是个很学术的问题，也很难获得一个准确的估计。我们注意到平台费是监管部门比较容易获取的变量，从而进一步考察了能否通过平台合并前后平台费的变化为平台合并是否改善了用户福利提供一些依据。我们发现无论是平台合并后与合并前的平台费相比，还是平台合并后与独立平台的平台费相比，在我们模型的假设下都存在一个一致的结论。如图 5-12 所示，合并后的平台费低于合并前的区域始终是用户福利提升区域的子集，因此，如果平台合并后的平台费低于合并前，那么平台合并的过程一定带来了用户福利的上升。

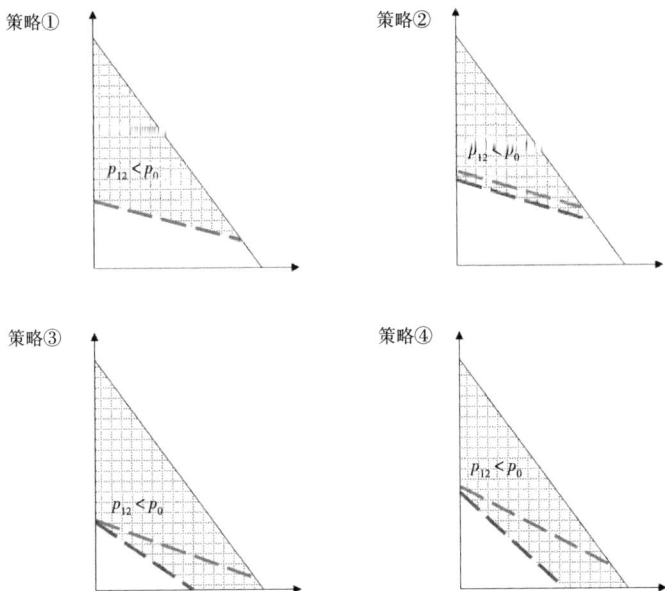

图 5-12　合并前后平台费—合并前后用户福利对比

注：p_0 为合并前的平台费，p_{12} 为合并后的平台费。

　　当然平台合并的过程中社会经济已经发生了变化，实操中直接比较前后的平台费可能遇到很多干扰。因此我们也进一步考察了平台合并之后，合并平台的平台费和独立平台的平台费之间的相对大小，发现了同样一致的结论。如图5-13所示，如果合并平台的平台费低于独立平台，那么平台合并的过程一定带来了用户福利的上升。这两个的结果非常有趣，也非常有实际意义，可以为监管提供富有操作性的判断依据。

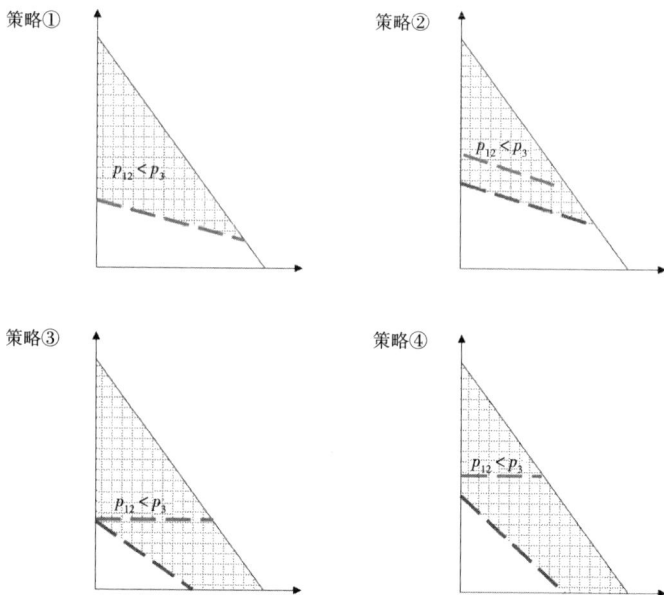

图 5-13 合并平台与独立平台的平台费—合并前后用户福利对比

注：p_{12} 为合并平台的平台费，p_3 为独立平台的平台费。

四、结论和建议

数字经济不仅对我国是一种新的经济形态，对全世界来讲也是一种新的经济形态，它可能给监管带来了一些新的挑战，平台市场经营者集中是反垄断监管的重要问题，通过构建平台合并的理论模型，探讨了平台市场经营者集中的福利变化和监管措施，我们得到了以下结论。

第一，合并平台会最大化参与合并平台之间的差异化程度，但这一策略对消费者来说不一定是最好的；消费者希望合并平台能够整合市场，但是合并平台却未必会整合市场，只有当合并带来的成本下降很大，或者市场具有很强的双边网络外部性时，它才会主动整合市场。所以平台的策略选择和监管部门希望看到的策略选择之间存在不一致，甚至完全相反的情况。在最有可能的参数取值范围里，平台利润最大化的选择和用户福利最大化的情况恰好完全相反，并且此时的用户福利一定低于合并前。即使引入事后监管，也很难改变用户福利下降的状况。

第二，若希望平台合并能够带来用户福利的提升，基本的因素还是需要合并过程带来了较高的成本下降，或者市场本来具有很强的双边网络外部性。在此基础上，我们通过平台费为反垄断监管提供了一些判断依据，可以借助合并平台与合并前的平台费的比较，或者合并平台与独立平台的平台费的比较，判断平台经营者集中对用户福利的影响。

基于上述结论，我们给出面向平台的建议。在《反垄断法》进行修订的大背景下，平台经营者集中的审查会变得更加的严格，惩罚力度也会变得更明显，我们预期会有很多关于平台经营者集中案件发生，所以从平台的角度讲，合并需要更为谨慎。什么样的平台合并更有可能得到监管部门的同意呢？我们的研究显示，从用户福利的角度讲，合并必须能够证实它带来了很高的成本的下降，才能够有较大可能改善用户福利。如果仅仅依据平台市场的双边网络外部性的特点，认为合并通过更大的流量有更高的网络外部性，很难带来用户福利的显著提升。

我们也可以面向监管提出相应的建议。仅依赖平台合并后的事后监管大概率已经很难再改善消费者的福利了。在审查平台合并的时候要加强事前监管，可以要求合并的平台提供合并后的策略选择，以及合并后成本下降的依据，或一些相应的合并后市场均衡状态下平台费的测算，然后借助我们目前研究的结论，对于平台合并的经营者集中的审查进行事前监管。

第六讲

数据要素如何影响经济增长

主讲人：谢丹夏

　　谢丹夏，清华大学社会科学学院经济学研究所博士生导师，经济学副教授。获芝加哥大学经济学博士，哈佛大学公共政策硕士，杜克大学计算机硕士，北京大学计算机硕士。主要从事数字经济、法律经济学、宏观经济、金融等领域的理论与政策研究。在 *American Economic Review*、*Management Science*、《经济研究》等国内外顶级经济学、管理学期刊发表学术论文多篇。曾任职于世界著名智库彼得森国际经济研究所。在北大期间，参与我国第一个 CPU 北大"中国芯"（1999 年）的研发。现主持国家自然科学基金面上项目"数字平台动态对社会福利与金融稳定的影响"。

（扫码观看讲座视频）

内容提要

经济增长是有关人类历史、人类发展与人类未来的大学问，研究经济增长问题具有十分重要的意义。数据可以通过两种方式创造经济价值：第一，通过进入生产过程，提高产出；第二，进入创新过程，创造新技术、新知识和新行业。

本讲首先解读了现有的三种经典经济增长理论，分别是马尔萨斯的前工业时代增长模型、索罗的增长模型和新增长理论。接着，提出"数据创新内生增长理论"。该理论描述和建模了数据要素参与创新的过程，并对数据隐私风险进行统筹分析。

根据数据创新内生增长理论，消费者提供数据但存在数据隐私风险。在创新过程中，数据被转化为知识（如专利等），并且可以在未来重复使用，而且知识的使用不再涉及数据的隐私问题。数据经历创新过程转化为"干净"的知识，此后可以不涉及隐私成本而被无限重复使用，因而能够促进知识技术和经济的持续增长，这也就刻画了"数据创新内生增长理论"所强调的数据"动态非竞争性"。我国具有发展数字经济特别是数据经济的巨大潜力，而且应当更加鼓励数据在创新部门的使用——因为经过"从数据到知识的漂白凝练"过程，得到了可以重复使用且不再涉及隐私问题的"干净"知识。

一、现有的经济增长理论

经济增长是一个非常重要的问题，关系到人类的过去、现在和未来。其实，人类的经济增长是一个现代的现象，在世界历史长河中，大部分时间经济都处在一个相对停滞的状态。一直到 18 世纪的工业革命，从少数几个欧洲国家开始，人类才开始真正意义上的经济增长。为什么人类历史上会有长期的经济停滞？为什么又会开启现代经济增长？这是一个关乎人类命运的宏大问题。

我们再看一个与我国当代经济增长和改革开放相关的一组数据，来比较一下中国和美国四十年间（1980—2020 年）的经济增长态势。从人均国内生产总值（GDP）来看，1980—2020 年，中国人均 GDP 有一个非常惊人的增速，增长了约 34 倍，而美国同期只增长了 5 倍。我国在过去四十年间的高速经济增长，常常被称为"中国增长奇迹"。那么，与之相关的问题是，哪些因素推动我国开启了一个如此高速、如同奇迹般的经济增长过程？"中国奇迹"发生的原因与机制，实际上也是经济增长理论研究的重大问题。

在此，我想引用 1995 年诺贝尔经济学奖获得者卢卡斯教授的一句话，"经济增长和人类的福祉是如此的息息相关，一旦你开始研究经济增长这样一个重大问题的时候，就很难再考虑其他事情了"。在开始讨论"数据对经济增长的作用"之前，我们先大致回顾一下相关宏观经济学理论，特别回顾一下在经济增长理论的发展历史上，前人已经提出了哪些主要的理论和模型。"数据创新内生增长理论"与这些已有理论也有着一脉相承的关系。

（一）马尔萨斯的前工业时代增长模型

最早的经济增长理论由举世闻名的人口学家马尔萨斯在1798 年出版的《人口论》（也称《人口原理》）一书中提出。实际上，马尔萨斯在《人口论》中提出了世界上第一个经济增长模型，其中包含了两种重要的生产要素。

数据是一种新型的生产要素，是数字经济里最核心的一种要素。但是如果我们把时间拉回到1798 年，当时能够想到最重要的生产要素当属土地和劳动力。我们来看一下与这两种生产要素相关的生产函数。生产函数是为了描述当我们投入多少生产要素，我们可以得到多大数量的产出。我们最关心的经济总产出即国内生产总值（GDP），而 GDP 增长率就是一个衡量经济增长的一个现有的最好的指标。在马尔萨斯所处的前工业时代，最重要的生产要素是劳动力和土地，当然也有技术，不过技术并不是马尔萨斯研究的核心问题。

马尔萨斯模型有两个显著特征，第一，从它的模型出发，它的生产函数和动态会导致一个非常令人沮丧的结论，那就是长期的经济停滞。事实上，从人类或者世界长期发展的视角来看，自公元 1 世纪一直到工业革命之前，世界各国的经济增长速度都是非常缓慢的，或者说基本上是没有经济增长的。因而，也常把工业革命之前的人类经济发展历程称为"马尔萨斯陷阱"，即一个经济发展长期停滞的时期。而且，在这样一个阶段，即使技术进步也不能够提高人均 GDP。人均 GDP 是一个衡量人民福利的一个重要指标，人均 GDP 的增长率就是衡量经济增长的一个最便利的指标。在工业革命之前，世界人均 GDP 的增长一直处于一个非常低的、增长率基本上接近于零的状态，这是马尔萨斯理论的一个重要推论。其背后有一个非常重要的逻辑，在该模型中土地是一个核心的生产要素，而土地的供给量是固定的，因为我们地球上的土地总量终究是有限的。第二，人口是内生的，当人均产出提高时，由于营养和健康水平的提高，人口增长率就会提高，快速新增的人口马上会把稍有提高的人均 GDP 拉下来，最终就会进入这样一个发展陷阱的状态。总之，马尔萨斯经济增长理论里是没有增长的，是一个人均 GDP 无法提高的、发展停滞的模型。

（二）索罗增长模型

一直到工业革命发生之后，我们才开始有了持续经济增长。在工业革命到来的时候，以英国为首的主要工业国家开始了较大幅度的经济增长。如何解释工业革命后几百年来这样一个增长阶段？经济学家们于是发展了现代经济增长理论，它的一个典型代表是索罗增长模型。在索罗增长模型里，引入了一个重要的新生产要素，也就是资本，它不同于总量有限的土地，资本是可以不断积累增加的。提出索罗增长模型的罗伯特·索罗教授获得了1987年的诺贝尔经济学奖。和马尔萨斯模型中土地不可以积累有着很大的不同，索罗增长模型中的新生产要素即资本，是可以积累的。索罗增长模型一方面可以比较好地解释工业革命发生之后的现代经济增长，但是另一方面也有着很大的局限性。首先，它不能够解释技术进步的来源是什么。索罗增长模型假设技术进步是一个外生的或者可称为是上天赐予的，该模型的研究重点其实是资本的动态问题，也就是资本作为一个生产要素的投资、积累和提高的动态过程。其次，它没有考虑教育的意义，即人力资本的积累。现在大家经常会提到，科研和创新非常重要，教育也特别重要，是千年大计，然而在索罗增长模型里教育、研发这些活动其实对于经济增长都是没有用的。如果严格根据索罗增长模型，我们的创新、科研投入以及教育政策，都不会对经济增长产生促进作用，这也反映了索罗增长模型的局限性。

（三）新增长理论

第三代经济增长理论可以叫作"新增长理论"，或称为"内生增长理论"。在此类增长模型里又引入了两种新的生产要素，一个是技术，也可以称为知识，或者技术知识；还有一种要素是人力资本，反映出劳动力的受教育水平，比如说国民受教育的平均年数，就是人力资本的一个很好的度量。在新增长模型里，一国的 GDP 可以由技术、人力资本、劳动力以及资本这四个生产要素决定。提出内生增长模型的一个最具代表性学者是保罗·罗默教授，他因此获得了 2018 年的诺贝尔经济学奖。内生增长模型有几个重要的特征，其中一个特征是在该模型中知识和技术是可以无限增长的，而且它的增长是经济中决策者们的理性选择的结果，这和索罗增长模型中的增长机制大为不同。在索罗增长模型中，技术的增长是无法被解释的，但是在内生增长模型中，知识和技术可以通过教育和科研投入等内生决策得以持续积累并无限增长。

知识要素具有一个非常重要的性质叫作非竞争性，而非竞争性其实也是数据要素的一个重要性质。非竞争性是指，某个人获得了知识，并不会减少或损害其他人获得同样的知识，也就是说具有可共享的良好性质。数字技术的发展，让非竞争性更为凸显，比如直播就是一个很好的例子。在没有直播技术之前，受到地理位置和空间的限制。我每年只能给课堂上的几十个最多百十个学生讲课，但是现在通过直播的方式，我研究的前沿成果和相关知识，马上就可以和全国乃至全世界数以百万计的观众听众分享。一个观众听到了我们分享的研究结果或者知识，完全不会影响位于另一个城市，甚至是另一个国家的另一位听众去获取这些知识或想法，大家都能获得同样的知识。非竞争性是内生增长理论中核心生产要素的一个重要特性，和我们传统的工业时代经济是有很大区别的。比如说传统的资本，像我讲课使用的桌子，我在使用时，其他的同事或同学就没法同时用它了，这就叫作竞争性，会使得要素的生产边际收益递减，也就会给经济增长带来一个不利的限制。但是对于知识或者数据要素来说，生产要素的非竞争性这种良好性质将会让长期经济增长焕发出新的活力。

根据内生增长理论，研发、创新和教育都是非常关键的经济活动，可以生产和积累关键性的生产要素。因为研发可以提高技术水平，我们对研发进行投入，产生的结果是新的知识和技术，而且是可以积累的，因而自主的创新活动就产生了持续的技术进步。还有一种和知识相关的生产要素是人力资本。"吾生也有涯，而知也无涯"，就是说，虽然人的生命是有限的，但是我们的大脑可以学习到非常多的新知识，人力资本积累可以持续进行。

二、数据对经济增长的作用

数据这种新要素的出现，将会怎样改变我们的经济增长，这是一个特别有意思的问题，也是一个非常重要的科学新问题。大家都非常关心每年 GDP 的增长率，比如说我国 2021 年

GDP 增长率为 8.1%，在世界范围内是一个比较高的增长速度，这意味着我们创造了更多的就业，制造出了更多的消费品。在数字经济时代开启之后，数据量的增长是特别快的，有统计显示，人类历史上 90% 的数据是在过去的十年间产生的，而且占人类数据总量一半的新数据可能就是在过去两年产生的。也就是说，近年来数字经济的蓬勃发展，其实和数据的快速积累息息相关。2020 年 4 月，《中共中央 国务院关于构建更加完善的要素市场化配置体制机制的意见》（以下简称《意见》）正式发布，就构建更加完善的要素市场化配置体制机制进行了顶层设计，首次将数据与土地、劳动力、资本、技术并列为生产要素，并提出要加快培育数据要素市场，健全要素市场运行机制。国家政策层面对数据这种新要素的强调是非常及时的。

数据是数字经济时代的石油，我们现在已经拥有了很多数据，对数据这种新型生产要素的使用能否提高未来的经济增长率，是一个非常有科学价值的问题，也是和每个人的生活息息相关的一个重要问题。此外，数据作为一种新型的生产要素，它会通过什么样的机制来影响经济增长，是一个更深层次的科学问题。

如果想搞清楚以上提到的这两个重要问题，就需要先研究数据要素的特性。数据的第一个特性是非竞争性，和前文介绍过的知识的非竞争性有很大的相似性。比如说现在有一份数据，我们在工作的时候可以用 U 盘拷贝给同事，也可以用 E-mail 或云盘把它发送、共享到许多合作者那里，而且共享后的数据在大多数情况下会毫发无损。所以数据也具有非常强的非竞争性。

数据的第二个特性是排他性，通俗地讲，就是我能不能阻止他人使用数据。实际上，知识和数据都是可以排他的，可以通过法律制度来实现。知识特别是技术知识常常是用专利来表示和度量的，当我拥有专利，意味着它背后所蕴含的特定技术知识，其他人必须付费给我才能使用，如果不付费就不能使用，这就是排他性。《意见》中强调要"扩大要素市场化配置范围、促进要素自主有序流动、加快要素价格市场化改革"。要建立健全数据要素市场，意味着有大量市场交易，数据就一定要具备某种排他性。因为，如果数据完全被免费共享的话，也就不需要数据要素市场和交易所了。具体而言，可以通过制度和法律的适当设计使得数据要素具有排他性，并且要易于计价和交易，从而培育出有效的数据要素市场。在排他性这一点上，数据和知识是没有区别的。

数据的第三个特性是数据涉及隐私问题。很多数据实际上是由包括我们自己在内的消费者产生的，这些数据可能已经被很多公司比如平台企业大量使用。公司在使用数据的过程中，可能会涉及消费者隐私问题，给消费者带来一些不便甚至伤害，比如我们经常会收到一些骚扰电话甚至诈骗电话。而在这个方面，知识就和数据迥然不同，知识很少会涉及隐私问题，它是客观的、普适的、中性的。因此，数据要素的一个重要特性就是其涉及隐私问题，这也是我们研究数据经济，包括研究数据在经济增长中的作用时所不能忽视的问题。也就是说，与"干净"的知识不同，数据是含有"杂质"的，要对数据中"不纯"的、对消费者不利的东西加以剔除或进行有效控制。

作为一个重要的新型生产要素，数据主要通过两个渠道在经济中起作用：第一个渠道是数据直接进入生产过程。例如有些公司用数据来提高自己服务的效率，比如可以提高快递投递速度，还可以提高生产过程中的生产效率，让生产过程更高效。第二个渠道是数据要素可以用于创新过程。数据经过处理，参与生产或创新过程，有些可以产生出具有普适性的一般科学知识，有些则可以生成具有特殊用途的专门或"临时"知识。也就是说，数据可用于产生不同价值水平和等级的知识，从而提供和创造社会经济价值。例如，高校教授拥有了一个数据集，如果这个数据集独特而且具有价值的话，往往就意味着可以通过分析这个数据集，发现新的科学规律，创造出新的自然科学或社会科学知识，最终发表学术论文或著作。学术论文本身就是一个能够衡量人类知识和思想产出的一个重要指标。所以，学者们可以使用数据生产出新的知识——学术论文或专著代表的是一般性的、普适性的知识。

在产业经济和技术知识层面，数据有助于创造出新产品、新专利，甚至可以催生出一些新的产业。例如自动驾驶技术，其实是由大数据驱动的。人工智能机器学习相关的很多新兴产业，和最近10年来数据的大量积累也是分不开的。如果没有数以亿万计的各种类型数据如图像等的大量积累，我们就没有用于深度学习（Deep Learning）的足量素材。所以说，充分使用数据要素，可以帮助我们创造出更多新产品，甚至孕育出很多新的产业，比如人工智能应用产业，包括智能医疗、智能驾驶等行业。

刚才讲到，数据在经济系统中可以起到两个重要的作用，一个是可以直接用在生产过程中，以提高生产效率，斯坦福大学的 Jones 和 Tonetti 近期在 *American Economic Review*（《美国经济评论》）上发表的论文就主要阐述了这个机制（见图6-1），在他们的理论模型中，数据有助于提高当期的生产效率，但是无法提高未来的生产效率。根据他们的模型，在每个公司支付数据"使用"费后，数据还可以在当期的多个公司之间非竞争性地"共享"使用，但仅能用于当期的生产过程。因而，把以上这种数据非竞争性称为"水平非竞争性"。

三、数据创新内生增长理论

我近期发表在 *Management Science*（《管理科学》）上的论文首次刻画了数据在创新活动中的作用，也就是前文提到的数

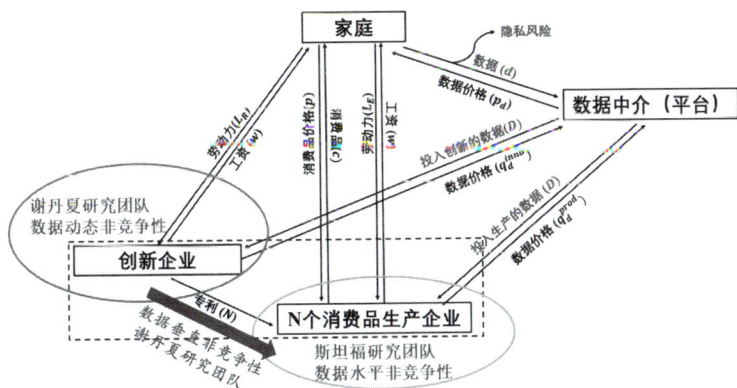

图 6-1　数据在经济增长中的作用以及三种非竞争性

据在经济活动中的第二种作用（见图 6-1）。数据有助于经济中的创新活动，使得创新更有效率，从而产生出更多的新知识、新技术、新专利。比如新数据集可以帮助教授学者发现和总结出新的规律，研究出新的定理、新的理论，创造出一般性的新科学知识。在企业中，数据则可以用来帮助研发出新的技术，开发出更多的新产品。也就是说，数据可以帮助我们生产新的知识，在这里数据拥有了"动态的非竞争性"——数据产生的新知识不仅可以在当期，还可以在未来无限期进行使用。而且，当数据产生新的知识之后，这个新的知识就不再和我们的隐私相关了，这是我研究发现的一个重要而且非常有实际意义的机制。因为我们知道，使用数据的时候，不论多么小心，总是有可能会把一些相关隐私信息泄露出去，会涉及数据隐私所带来的负面效应。

数据是含有"杂质"的，可能会带来隐私风险等福利损失，因而需要将数据中不利的东西剔除，我称之为"从数据到知识的漂白凝练"过程——也就是数据用于创新，并产生在未来叮重复使用的"纯净"知识的过程。当我们通过创新过程，把数据变成知识之后，以后在整个经济系统里面流通的就不再是数据，而是知识了。

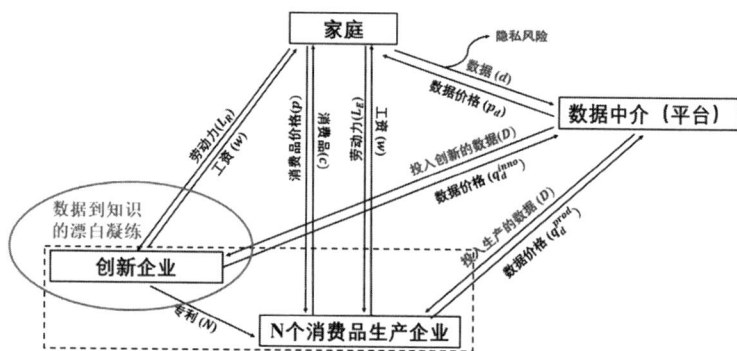

图 6-2　数据到知识的漂白凝练

通过创新过程，数据变成了一种干净的、可以在未来无限期使用的一种纯粹的知识，这是数据创新内生增长理论所阐述的主要机制。如图 6-2 所示，其中包含四个方框，分别代表经济系统中的四类决策者：家庭、数据中介、创新企业、消费品生产企业。家庭成员会参加工作，挣到工资后进行消费。家庭还可以产生数据（比如在消费过程中产生），家庭可以（且仅能）把数据卖给数据中介，数据中介再把数据最终销售给企业。该经济系统中除了数据中介之外，还存在两类企业，一类是创新企业，另一类是生产企业。创新企业使用数据进行创新，产生专利或者是新的技术，再把这个专利或新技术卖给生产企业。

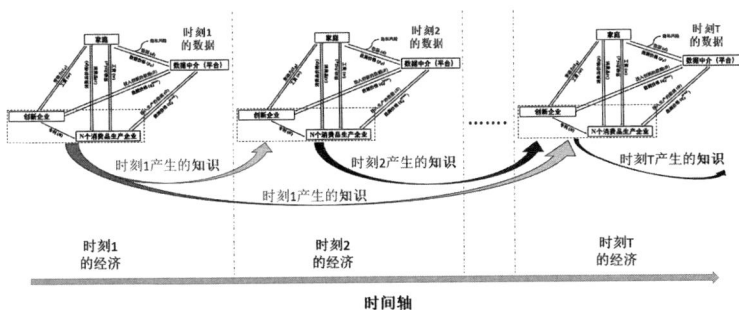

图 6-3　数据的"动态非竞争性"

经济增长理论的一个重要目标是刻画经济系统的动态演变过程，即把时间拉长，看经济体随时间将如何变化。图 6-3 展示了数据创新内生增长理论的动态特性以及数据的动态非竞争性。其中，横轴表示时间，在时刻 1 的时候，数据用于创新过程，并创造出一些新的专利或技术，这些新的专利或技术不仅可以在当期使用，还可以在时刻 2 及未来时期继续使用。而在时刻 2，运用该时刻的数据所创造出的新知识也是如此，可以在时刻 2 及未来的时期继续使用。这就很好地体现出了数据的"动态非竞争性"：数据在创造出知识之后，这些知识不仅可以在当期使用，还可以在未来时期被无休止使用，这就放大了数据对于经济增长的促进作用。

经过数据到知识的漂白凝练，数据最终变成了一种有益无害的纯粹知识，再也没有了和隐私相关的忧虑和成本。当数据最初参与创新过程时，在当期会产生一个隐私成本，但是当数据变成了知识之后，知识在当期和未来的使用就不再有隐私成本。所以，这个机制可以避免我们的隐私在未来被泄露或者被侵犯。数据漂白凝练成为知识后，未来这个知识是可以被无限期放心使用的，不会再产生和隐私相关的成本，这也是数据创新内生增长理论的一个关键机制。

我在一篇新的论文中，首次提出并分析了数据的"垂直非竞争性"（见图6-1）。数据的"垂直非竞争性"是指数据不仅可以在创新过程中使用，还可以在生产过程中使用。从整个经济系统来看，如果我们认为创新企业是知识生产的上游，它使用数据创造出了新知识和专利，然后再把这些新知识和专利卖给生产型企业。生产型企业在这里就被认为是创新企业的下游企业。所以，我们这里实际上强调了数据既可以用于创新过程，又可以同时用于生产过程的效率提高，也就是说在这两个上下游环节，同样的数据可以被非竞争性地使用。

在分析数据的"垂直非竞争性"的同时，还可以比较一下斯坦福研究团队所提理论和我的"数据创新内生增长理论"所阐述的两种不同机制中，数据对经济增长推动作用的相对大小关系。我的"数据创新内生增长理论"主要强调数据在创新过程中所起的作用，当数据创造出新知识之后，新知识可以在未来被重复使用而且不再产生新的隐私成本。相比之下，斯坦福研究团队主要强调数据在当前的生产过程中的使用有助于提高生产效率，而且数据可以在当期的、不同的生产企业之间进行非竞争性地共享使用，代表着数据的"水平非竞争性"。对这两种机制，我们分别进行了最优资源分配情况下的模拟并作了对比。如果只存在数据在生产过程中使用这个机制以及数据的"水平非竞争性"，得到的长期经济增长率为0.9%；如果只存在数据在创新过程中使用这个机制以及数据的"动态非竞争性"，得到的长期经济增长率为2.9%；而当上述两个机制同时起作用、存在"垂直非竞争性"时，得到的长期经济增长率是3%。也就是说，数据在创新过程中所起的作用非常接近于数据在创新过程及生产过程中的作用叠加之和。

所以，通过以上分析比较，就可以说明数据创新内生增长理论所阐明的机制对经济增长的推动作用是更为重要的，数据通过促进创新来提高长期经济增长率，是一个更为重要且核心的机制。根据我们的研究结论，有一个非常直接且重要的政策建议：对于经济系统中存在的创新与生产两种部门，应该鼓励数据更多地在创新部门中使用，因为这样可以非常有效地产生一些无害的、在未来还可以无限期使用的"干净"知识，这将大大降低数据隐私所可能造成的损失。我国拥有规模庞大的人口和经济规模，所产生的数据资源是非常丰富的，因而发展数字经济对于我国未来经济增长非常重要，这也是我国一项重要的比较优势。

第七讲

数字经济是扩大还是缩小了经济差距？

主讲人：刘涛雄

刘涛雄，清华大学社会科学学院经济学研究所教授、博士生导师、创新发展研究院执行院长。主要研究兴趣为经济大数据、宏观与产业经济、经济增长、新政治经济学等。在国内外权威刊物发表学术论文多篇，出版著作多部。担任国家社科基金重大项目首席专家，并主持其他国家社科基金项目、教育部人文社科规划项目等多项课题。曾获中国信息经济学会理论贡献奖、北京市哲学社会科学优秀成果奖等奖励。曾任日本中央大学、东北大学、京都大学客座教授，美国哈佛大学肯尼迪政府管理学院访问学者等。

（扫码观看讲座视频）

内容提要

当前，在数字经济已成为中国发展的关键引擎的共识下，深入研究数字经济对区域经济差距的影响是十分重要的课题。数字经济与经济差距存在内在的联系，二者可能相互影响，经济差距是数字鸿沟的重要原因，数字鸿沟有可能进一步扩大区域间的经济差距，所以我们要区分数字鸿沟导致的经济差距和数字经济发展本身对经济差距的影响。

数字经济发展既可能扩大也可能缩小经济差距，其中存在很多作用机制，核心的原因是有偏技术进步和创造市场租金两个方面，尤其是有偏技术在扩大和缩小差距两方面都存在作用。我们对中国区域间的经济差距进行了实证研究，发现数字经济是可以促进区域经济收敛的，也就是说如果落后地区大力发展数字经济，那么就能够帮助它追赶发达地区。当然，数字经济对经济增长还存在直接的促进作用，如果发达地区与落后地区的数字经济是一个不平衡、不平等的发展态势，这种严重的数字鸿沟就会扩大区域之间的收入差距。我们进行东部、中部和西部地区的分样本回归，发现数字经济对经济差距的影响不存在明显的区域异质性，即各区域间普遍地存在数字经济促进落后的地方追赶发达的地方的情况。

加快数字经济的发展可以帮助缩小区域之间的经济差距，我们应该重视落后地区的数字经济发展，让落后的地方优先发展数字经济可能有利于帮助它们实现经济追赶。换句话说，如果我们普遍觉得数字经济导致了落后地区和发达地区的经济差距越来越大，一个很重要的原因是落后地区与发达地区间的数字经济差距太大，如果我们能采取措施使得落后地区的数字经济稍微超前发展一点，则对于该地区的追赶非常有帮助。

近些年来，社会各界都对共同富裕非常关心，从决策层到普通老百姓，共同富裕都是一个热点话题。实际上从全球来看，共同富裕是非常遥远的，在过去的 30 年里，全球包括发达国家内部收入差距在不断扩大。以美国为例，1%的高收入组所占收入比重相对 1%的最低收入组所占收入比重由 1980 年的 27 倍增长到 2014 年的 81 倍。可以说，收入差距实际上在不断扩大，并且是一个全球现象。中国作为一个社会主义国家，尤其重视共同富裕。

　　与此同时，数字经济已经成为世界和中国今后发展的关键动力。近期我国制定的"十四五"规划开辟专章规划数字经济发展蓝图，数字经济被广泛地认为是继农业经济与工业经济之后的全新经济形态。鉴于数字经济对经济增长的重要性，以及我国对于共同富裕的追求，数字经济的出现会扩大还是会缩小经济差距的问题值得我们关注。虽然不同区域、不同群体的经济差距的问题在最近几十年都很受关注，而不仅仅是在数字经济时代，但在数字经济时代这个问题尤为重要。因为数字经济直接是基于技术进步的，它是技术创新、技术进步的结果。而在经典的经济增长分析框架里，技术进步是影响国家、区域、各阶层经济差距的关键因素，所以在数字经济时代可能会更加凸显出来。

一、数字经济不平等的现状：数字鸿沟

随着数字技术成为推动经济与社会发展的新动力，它在不同国家、不同人群间的发展不平衡引发了社会各界关于数字鸿沟（Digital Divide）的讨论。其实在 20 世纪 80 年代互联网经济还不发达时，数字鸿沟的研究已经开始涌现。美国《洛杉矶时报》在 1995 年首次使用"数字鸿沟"一词。2001 年，英国政治学家皮帕·诺里斯（Pippa Norris）出版的《数字鸿沟：世界范围内的公民参与、信息贫穷与互联网》产生了不小的影响。

具体来讲，数字鸿沟指在数字社会里，以互联网为代表的信息通信技术在不同地区、不同组别之间普及和应用的不平衡现象，因此他们享有的数字经济成果也不尽相同。数字鸿沟的概念随着研究的深入不断发生改变，目前主要分为接入不平等、数字技能不平等和数字产品的使用、消费与福利的不平等三个层次。接入不平等是最基本的层次，指互联网基础设施和服务的接入在不同地方和人群之间是不平等的，相对贫穷的地方更难接入，这是数字鸿沟最初的表现形式，属于机会不平等的层次。随着越来越多的人使用互联网，这种接入不平等的情况逐步得到改善，随之而来的是技能和应用方面的问题。数

字技能不平等是指不同人群在使用能力和技能上不同，导致他们在信息技术使用方面存在差异，比如不同的人对电脑和手机等设备的应用能力相差很大，可以将其称为能力的鸿沟，是目前数字鸿沟的主要表现。第三个鸿沟属于更深的层次，指数字技术在不同的区域或者组群间使用产生的结果和影响差异很大，比如不同的人对数字产品的使用以及得到的福利是不同的。

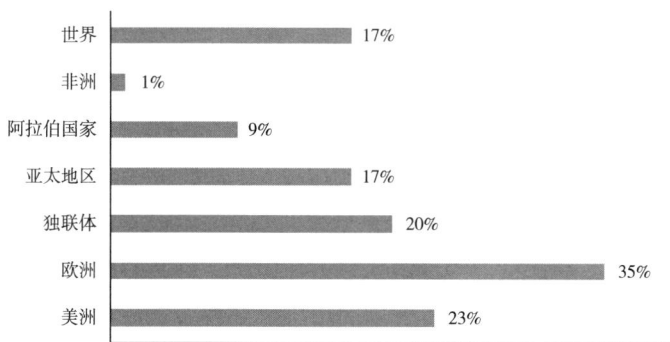

图 7-1　2021 年按地区划分的每 100 名居民的宽带接入比例
数据来源：国际电信联盟（ITU）。

根据国际电信联盟 2021 年发布的报告，每 100 名居民的宽带接入比例，非洲为 1%，欧洲为 35%，美洲为 23%（见图 7-1）。这是最新的疫情后的数据，除了非洲，其他地方的差距看似不大，原因在于移动互联网时代，部分人群选择不装宽带。

（单位：%）

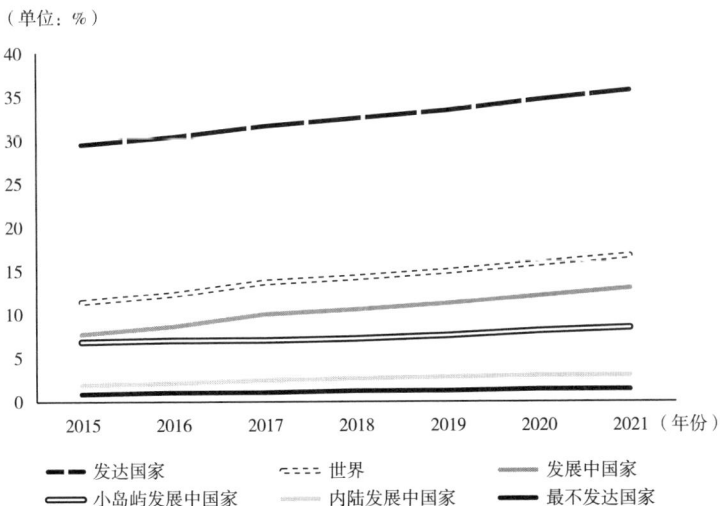

図 7-2　2015—2021 年按发展状况划分的每 100 名居民的宽带接入比例

数据来源：国际电信联盟（ITU）。

图 7-2 是按发展状况划分的每 100 名居民的宽带接入比例，发达国家与欠发达国家的接入差距很大，并且这种差距并没有随时间而缩小，一直维持在 3 倍以上的差距，所以从接入的机会来看是相当的不平等。

在移动互联网时代，部分人群未订购宽带业务，所以只看宽带接入比例有一定的局限性。从手机的角度来看也依然很不平等，但是比宽带接入的不平等情况好一些。如图 7-3 所示，第一，发达国家人均拥有手机 1.4 部，而发展中国家的人均刚好超过了 1 部，以比例衡量不超过 2 倍，小于宽带接入比例的 3 倍差距。第二，即使在发展中国家也人均拥有 1 部手机，说

（单位：人）

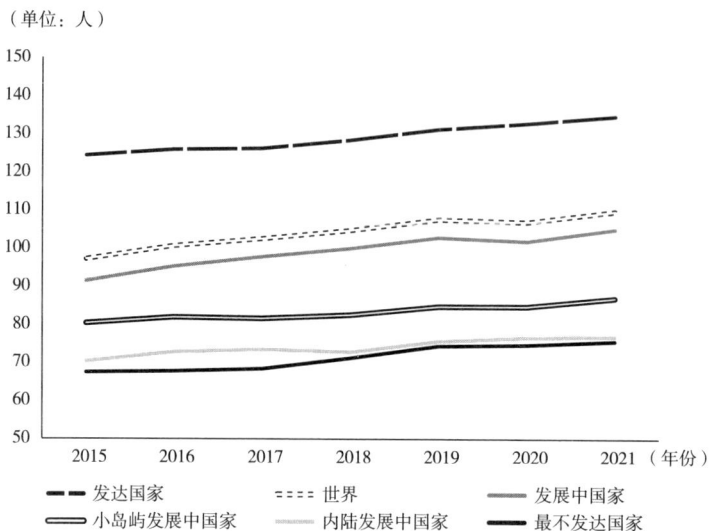

图 7-3　2015—2021 年按发展状况划分的每 100 名居民的蜂窝移动电话用户数

数据来源：国际电信联盟（ITU）。

明如今手机的普及率比较高，所以移动互联网的发展让接入不平等的问题得到了极大的改善。事实上，只看手机数量是一个非常直接但比较浅显的指标，因为手机可以使用 2G、3G、4G、5G 等不同的网络，应用的区别很大。

　　图 7-4 的左图统计了每 100 名居民里拥有移动电话的数量，非洲、欧洲和美洲的差别不算特别大，即非洲人均拥有移动电话 0.83 部，美洲和欧洲人均拥有移动电话约 1.2 部。图 7-4 的右图展示了每 100 名居民里的移动宽带订阅数，移动互联网的使用要求至少有 2G 的手机，这在不同地区之间的差别比左图更大。这说明在全世界已经做到了普遍的

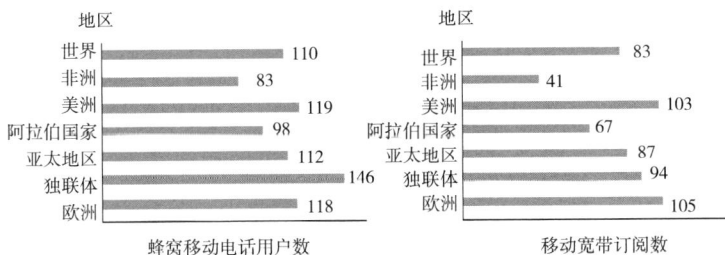

图 7-4　2021 年按地区划分的每 100 名居民的蜂窝
移动电话用户数和活跃的移动宽带订阅数

数据来源：国际电信联盟（ITU）。

设备接入，但是是否拥有比较好的上网质量的区别依然
很大。

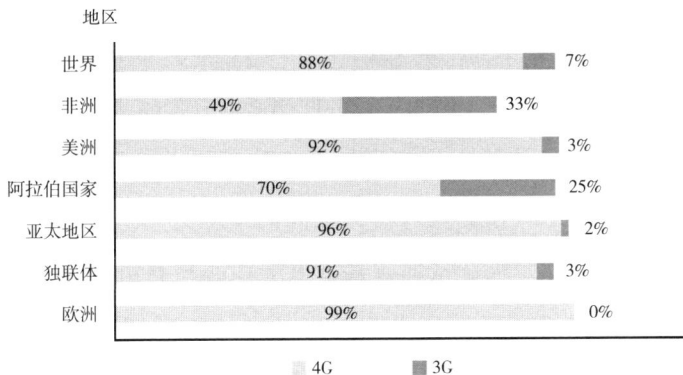

图 7-5　2021 年不同地区按移动网络类型划分的人口覆盖率

数据来源：国际电信联盟（ITU）。

人均拥有的手机量已经逐渐普及了，比如每 100 人中超过
90 人拥有手机的地区和国家已经很普遍了。进一步分析数据，

不同移动网络的覆盖率在不同地区差别很大（见图7-5）。非洲仅有49%的用户使用4G网络，但欧洲使用4G网络的比例高达99%，几乎等于全覆盖，美洲的比例也高达92%。中国这方面也比较领先，5G或者4G的使用都非常普遍了。由此可以看出，真正接入的网络质量还存在非常大的数字鸿沟，即是前面说的接入鸿沟的问题。

接下来看互联网使用能力的鸿沟。国际电信联盟把基本的信息通信技术（Information and Communications Technology, ICT）分成若干种，例如是否会开机、能否打开软件、是否掌握浏览、保存和拷贝等基本的技术。调查显示，2018—2020年，有4个经济体的基本技能人口占比在80%—100%，有30个经济体的基本技能人口占比在40%—60%。如果把对ICT技能的要求提高一些，比如是否会使用基本办公软件的各项高级功能，35个经济体中拥有高级ICT技能的人口只占0—5%，而拥有高级ICT技能人口占比最高的一组为15%—50%，包含6个经济体。因此从拥有基本ICT技能与高级技能的人口占比数据来看，经济体之间关于基本技能的鸿沟相对好一些，而高级技能的鸿沟更加明显，即是数字技能层面的不平等。

第三个层次是数字技术使用的结果。每个国家宽带分布的不均匀与贫富差距类似，Hilbert（2016）根据带宽的不同计算出一个关于电信容量的基尼系数。

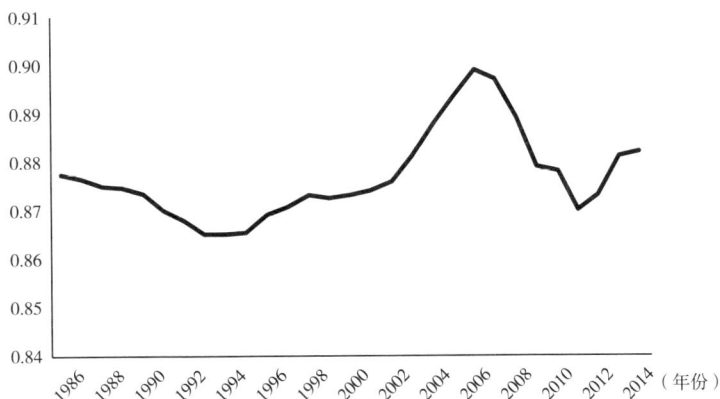

图 7-6　1986—2014 年全球人均电信容量（以 kbps 为单位）的基尼系数

数据来源：Hilbert，M.，"The Bad News is that the Digital Access Divide is Here to Stay：Domestically Installed Bandwidths among 172 Countries for 1986 - 2014"，*Telecommunications Policy*，Vol. 40，Issue 6，2016，pp. 567–581.

　　从图 7-6 可以看出，该系数在 20 世纪 90 年代先下降到一个较低的水平，随后一路攀升，2006 年不平等达到最高水平，然后又经历先下降后上升的过程。从图中的趋势来看，2011年以来关于宽带的不平等水平是在逐渐提高的。

　　图 7-7 是不同地区和国家互联网带宽速度，欧洲的宽带速度大约是非洲的 7 倍，因此各地区之间的数字鸿沟非常明显。除了宽带速度之外，实际使用的结果还包括价格，不同区域的人上网的价格差别很大。

　　图 7-8 统计的是宽带和移动数据的价格，价格以国民收入为基准，其中非洲的宽带价格相当于人均国民收入的 18.6%，

（单位：kbit/s）

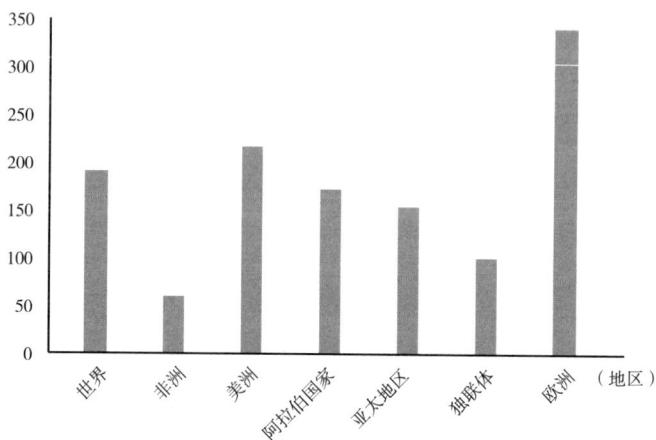

图 7-7　2021 年国际上不同区域的互联网带宽速度

数据来源：国际电信联盟（ITU）。

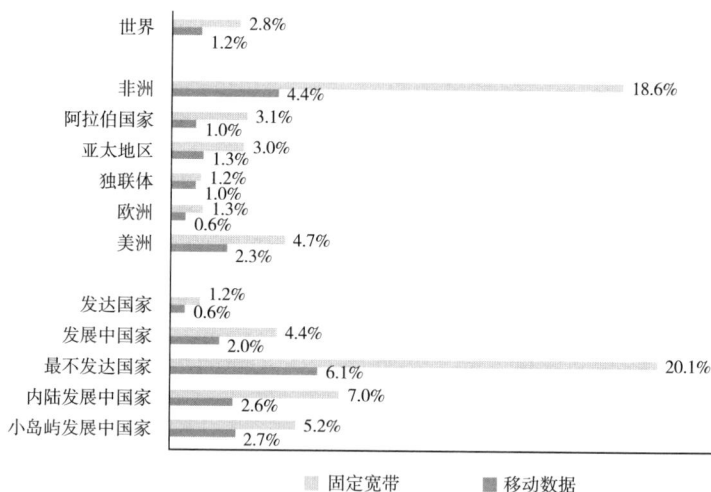

图 7-8　2020 年固定宽带和移动数据篮子的价格占比

数据来源：国际电信联盟（ITU）。

而欧洲和美洲分别只有 1.3%、4.7%，所以能看出不同地区和
国家的人负担上网的费用以及使用数字设备的费用的差别是巨
大的，贫穷地区要为获得网络服务付出更多的成本。

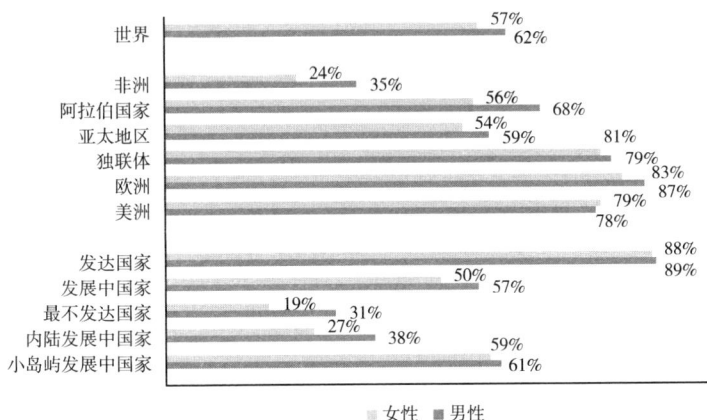

图 7-9　2020 年使用互联网的女性和男性人口百分比

数据来源：国际电信联盟（ITU）。

　　以上的数字不平等不仅可以根据地区和国家来划分，还能
从其他的维度去分析。第一，互联网使用情况在性别之间存在
鸿沟。图 7-9 是 2020 年使用互联网的女性和男性的人口占比
情况，在欧洲与美洲，男女使用互联网的差别很小，而在非
洲，男性上网的人口比例比女性多了 11%。所以往往越发达
的地方，男女在互联网的接入上越平等；越落后的地方，数字
鸿沟在性别方面的表现越明显。

　　第二，互联网使用在不同年龄层之间的鸿沟。图 7-10 展
示了 15—24 岁的年轻人和其他年龄段的人的互联网使用情况。

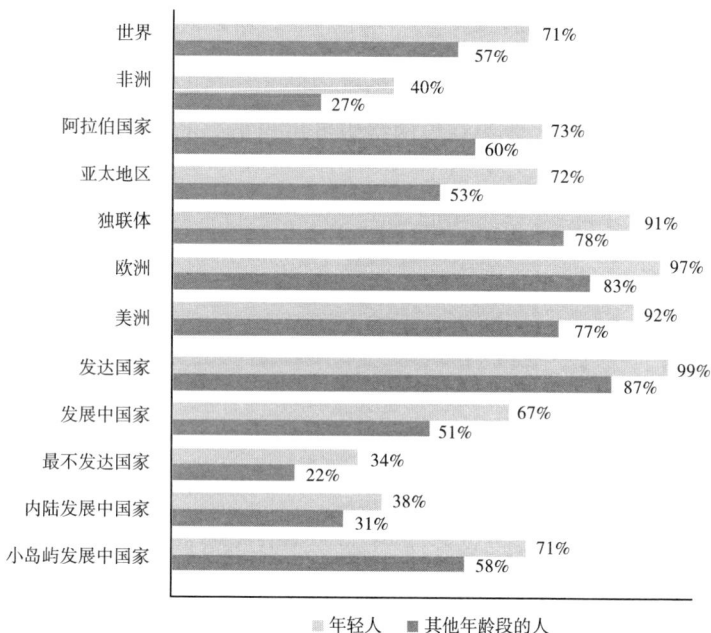

图 7-10　2020 年按年龄段划分的使用互联网的人口百分比

注：年轻人代表年龄在 15 岁到 24 岁之间的人口，其他年龄段的人是年龄低于 15 岁或高于
　　24 岁的人口。

数据来源：国际电信联盟（ITU）。

该图呈现了一个明显的现象：无论地区或国家，两类人群的上网比例之间都存在差别，但这种差别在高收入国家和低收入国家是相差不多的，并没有像性别鸿沟那样呈现出低收入国家的年龄鸿沟更显著的情况。事实上，不同年龄层的数字鸿沟问题非常重要，尤其是对于目前老龄化趋势明显的中国来说。自2020 年新冠肺炎疫情以来，世界各国都更加依赖线上购物和线上办公，所以手机与互联网的作用非常关键，不会使用众多

功能的老年人无法享受到手机带来的便利，甚至在衣食住行方面遇到困难，由此带来的福利损失可想而知。但是通过这次疫情，部分老年人的数字技能应该得到了一次很好的培训，有利于提高他们使用数字设备带来的福利。

（单位：%）

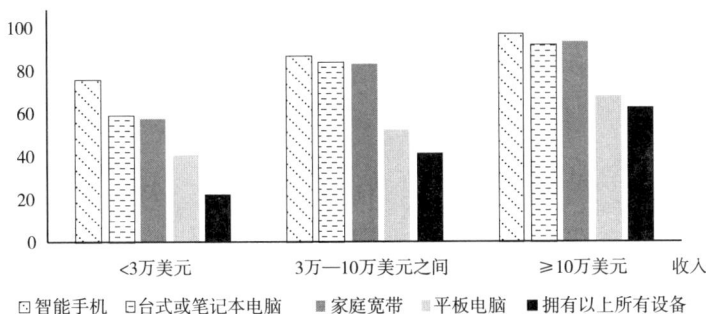

图 7-11　2021 年按家庭收入划分的美国成年人数字设备使用比例
数据来源：皮尤研究中心（Pew Research Center）。

第三，数字鸿沟与一些社会属性相关，比如收入。图 7-11 反映的是不同收入的人群使用数字设备的情况。将美国家庭按收入分成 3 个等级，家庭年收入低于 3 万美元的人在各种设备的使用率上均显著低于年收入 10 万美元以上的人群。家庭收入较高的美国人也更有可能拥有多种可以上网的设备，年收入最低的成年人中有 13% 在家里无法使用任何设备，而年收入高于 10 万美元的家庭只有 1% 的成年人存在类似无法使用的情况。综上看来，数字鸿沟是普遍存在的，在很多维度上都有体现。

二、数字经济与经济差距的内在联系

截至目前，有大量的研究表明经济差距是导致数字鸿沟的根本原因，经济收入水平不同，当然会导致数字经济相关设备的普及与使用存在很大的区别。我们更关注的是数字鸿沟会导致怎样的经济后果，即数字经济的发展反过来会对经济差距产生何种影响。

数字经济的发展为何会与经济差距产生联系呢？这是由数字经济自身的特点造成的。第一，数字经济能带来更低的搜寻成本，即互联网的存在使寻找信息时花费的成本更低；第二，数字产品具有更低的复制成本，最典型的是软件和数据，它们的复制成本几乎为零，意味着它们经常是非竞争性的；第三，数字产品和信息不受地理距离影响，其运输和沟通的成本几乎为零；第四，数字经济具有可记载性和验证性，验证功能可以更容易地证明任何个人、公司或组织的声誉和可信度。以上四个特点表现为一种技术进步，可能在很大程度上降低了成本。如果数字经济对所有人的影响是一样的，例如每个人、每个企业乃至每个国家都能同等享受到搜寻成本和沟通成本降低带来的好处，这样就不会使差距进一步扩大，而是让差距保持原样。我们认为数字经济对经济差距带来影响的原因在于两种关键的作用机制，分别是有偏技术进步和创造市场势力与租金。

第一，有偏技术进步是指数字技术对不同的人群产生的影响是不一样的，比如相对于老年人，互联网和移动支付这些功能使年轻人获得更多的便利，这就属于一种有偏的技术进步。再比如，语音识别这项新技术能大大减轻文稿工作者的工作负担，而对于体力劳动者来说，语音识别功能对他们的作用不大，所以这也是一种有偏技术进步。有偏技术进步在人类的技术进步历史上是一种非常普遍的现象，例如目前随着智能机器人的普及，很多岗位以后都会被机器人替代，但是每个岗位被替代的概率是不同的。比如随着扫地机器人、洗碗机的广泛使用，原来负责这些工作的劳动力就会被逐渐替代；而有的岗位甚至因为有了机器人，还会增加对劳动力的需求，这就是有偏技术进步。这个"偏"既可能是对某些人群更好，也可能是对某些人群的负面影响更大，所以数字经济有很强的有偏性，它会产生一个不均等的经济结果。

第二，数字经济的四大特点有利于创造市场势力和租金，因为数字经济大幅地降低了搜寻、沟通和交流的成本，这会让企业的边界变得很大。一个企业以前每年只能有一般的营业量，但是现在它可以跨界，可以做更多的业务并且让规模变得更加庞大。一旦市场上的企业规模变得很大并拥有一种市场势力时，就能利用垄断来创造租金。这种租金不仅仅能由企业创造，也可以由人创造。例如，近几年会深度学习技术的人的工资特别高，这就是数字经济创造的，人们拥有的某种技能会创造一种市场势力并且产生高昂的租金。很多研究表明，目前数字经济行业的工资很高，甚至超过了金融行业，而且工资差距非常大。另外还有一类就是创业，在数字时代，创业者成功之后获得的回报比工业时代要更加丰厚，尤其是互联网行业的高层收入上涨非常快，这也可以归结为创造的一种市场势力和租金。从人的角度来讲，互联网公司的竞争非常激烈，高技能与低技能的工作岗位区别很大，拥有某方面高级技能的人才会获得溢价更高的工资，这也是一个普遍的现象。

这两个产生经济差距的主要机制在个人、企业和国家层面都会发挥作用。在个人层面，由于数字技术是一种有偏的技术进步，所以对不同的人产生的好处也不尽相同，有的人获得的好处非常多，有的人获得的好处就比较少。与此同时，数字技术的使用又会影响人的再进步，互联网资源的使用有利于人力资本的提升，而不善于利用网络进行学习的人的视野会受到局限。例如疫情期间的在线教育，很多研究表明，在疫情期间落后地区和发达地区孩子的教育不平衡会变大。这种人力资本提升的差异又会进一步导致更大的收入差异。表 7-1 反映了 2016 年美国的线上招聘信息，38% 的工作岗位需要有数字中级技能，且数字密集型中级技能工作的薪酬明显高于非数字中级技能工作。非数字中级技能的机会主要限于运输、建筑和安装维修工作，即数字技能和素养已成为大多数其他行业中级技能工作的最低标准。另外有研究也表明，拥有先进的 IT 技能有助于工人获得更高的工资，并逐渐增加他们从事高薪工作的可能性。尤其在最近几年网上招聘非常流行，所以利用互联网找工作的人成功的概率更高，与线下找不到工作的人相比，又会进一步扩大两部分人群的收入差距。

表7-1 2016年美国的线上招聘岗位数

技能水平	岗位数（个）	占比（%）
低级技能	5329667	21
中级技能	11774902	46
非数字中级技能	2139239	8
数字中级技能	9635663	38
高级技能	8246268	33
总计	25350837	——

数据来源：燃镜科技（Burning Glass Technologies）。Burning Glass Techologies 利用爬虫技术每天从40000多个在线招聘网站、报纸和雇主网站中提取信息，并对同一职位发布的重复信息进行删除，无论是在同一网站上多次发布还是跨多个网站发布。

另外，目前的金融服务、医疗服务越来越多地依赖于数字技术，比如很多人用花呗、京东白条等进行网络购物，因为数字经济具有可记载和追溯的能力，数字技术记录了我们在网购过程中的浏览痕迹，平台基于此信息计算和评估每个人的信用，然后放贷。如果某个人没有把私人的信息留在这些平台上，那就意味着他不能享受到这类数字金融服务，从而减少了他投资、消费、社交的机会。

此外，是否使用网络可能会对每个人获得的福利有很大的影响，但这部分没有办法反映在个体之间的经济差距上。例如，2019 年的一篇研究认为人们使用各种资讯软件、搜索引擎获取信息，虽然没有付费（没有付费就意味着这部分价值不会被纳入 GDP 核算体系里），但是给人们创造了福利。所以有学者做了一个研究实验，调查人们接受多少钱的补偿才愿意放弃在规定时长内使用社交软件 Facebook，以此来估计数字产品对于经济总量的贡献。该研究发现，如果将 Facebook 的消费者剩余纳入 GDP 中，2014—2017 年美国 GDP 的增长率平均每年会增加 0.11 个百分点。以上的例子都体现的是数字经济有偏于更加善于使用数字技术的人，所以数字经济给这部分人带来的好处更多，而对其他部分的人的经济影响更差一些。

实际上，数字经济也有很多负面影响的情况。例如，家庭条件更好的孩子能拥有各式各样的智能产品，与之相伴随的是孩子沉迷游戏的情况很常见，而这非常不利于孩子的健康成长，甚至还有可能引起社会问题，Bhuller 等（2013）和 Chan 等（2016）学者发现现在的部分犯罪行为和互联网关系密切，互联网的发展对某些犯罪起到了促进作用，这些都是数字化带来的负面影响。本讲中我们只考虑数字经济产生的正面影响，互联网的使用有利于提升人力资本，帮助大家获得更好的收入，但数字经济的发展究竟是扩大还是缩小了经济差距，这个问题不能简单地回答。因为互联网可以帮助人力资本较低的人去提升自我，同时人力资本高的人也在利用网络提升自己，那么到底谁的获益更大呢？此处有两个关键因素，第一个因素是数字资源的分布是否均匀，即是数字鸿沟的程度是否严重，如果部分人群都不能接触到数字技术，自然地数字经济也不会影响到他们。第二个因素是有偏技术进步的程度，它是更有利于人力资本低的人去学习，还是更有利于人力资本高的人去学习呢？这个问题迄今为止没有确定性的答案，它既有可能扩大也有可能缩小经济差距。这还只是人力资本的提升方面，另外在就业或者其他方面到底是对收入较低的人更有利，还是对收入比较高的人更有利，这个问题是值得去探究的。从一般的推断来讲，可能在不同的情况下结果不一样。当然是在给定同样的数字经济水平、不存在数字鸿沟的情况，即在大家享受同样的数字设备的接入机会的前提下，数字经济对谁更有利一点。与此同时，个人层面的市场租金问题也会产生经济差距。大量的研究表明，数字经济的发展使得有技能和没有技能的人的工资差别总体上是扩张的，所以现在的高薪阶层和一般的工薪阶层的区别就越来越大了。

在企业层面也是类似的，一方面数字经济是有偏的，因为某些企业能够比其他企业更好地利用数字技术去发展，同时还创造出更多的租金。在数字时代，少数互联网企业的规模越来越大，造成"赢者通吃"以及垄断市场的局面。所以从市场租金的角度来讲，它是倾向于扩大差距的。但从有偏技术角度来讲，它是让过去效率相对较低的企业用数字技术实现更快的发展，还是让起点相对较高的企业用数字技术获得更多的好处，这是不能确定的。

最后，更重要的是在区域和国家层面。因为人类社会的差距其实更多的是由不同地方、不同国家的贫富差距造成的，比如中国东中西部地区发展的程度差别很大，一二三线城市的区别也很大，所以数字经济的发展到底会对区域和国家经济差距产生多大的影响？

总体来讲，数字经济对经济的发展存在明显的正向贡献，这方面已经是部分研究的共识，例如有文献估计它对生产力的提高作用或者如何促进国家整体上的经济发展。但是数字经济到底是会扩大还是会缩小各区域间的差距和国家之间的差距，这个问题没有确定的结论，因为有偏技术和市场租金两个方面的作用都存在。市场租金的存在倾向于扩大差距，但从有偏技术的角度不好确定到底是一个富国发展数字经济的收益更多，还是一个相对较穷的国家发展数字经济的收益更多。具体到中国，到底是东部还是西部地区发展数字经济的收益更大？这个问题不能简单地下结论。

过去互联网都是在城市发展，所以城市可能受惠更多，但这里包含的一个前提是有数字鸿沟的存在，因为城市的数字经济发展得更好，所以城市受惠更多。但如果城市和农村的数字经济发展水平相同，它对农村和城市的促进作用哪个更大则没有确定的结论。例如，近些年全国的淘宝村数量迅速增长，数字经济对农村的改善作用很明显。除了前文提到的两种基本的机制外，还有一个值得关注的现象是我们经常把这两个问题混淆在一起，一个是数字鸿沟对经济差距的影响，一个是数字经济的发展对经济差距的影响。数字鸿沟对经济差距的影响已经形成了共识，更倾向于扩大经济差距。但是第二个问题涉及的影响非常复杂，因为从理论上分析既存在改善差距的因素，同时也有扩大差距的可能性，我们暂时不能得到一个绝对的结论，所以需要利用统计数据做实证研究。

三、数字经济与中国区域经济差距

本节从实际数据出发，考察在中国数字经济到底是拉大还是缩小了区域经济的差距。研究中国各区域的数字经济，首先要区分数字鸿沟带来的差距和一般意义上的数字经济本身产生的差距。

图7-12的左图是我国东中西部地区的互联网普及率，即该区域的互联网上网人数与总人口的比例，从中可以看出各区域的数字经济的普及存在非常大的区别，东部地区的普及率明显高于中西部地区，并且随时间有进一步拉大的趋势。图

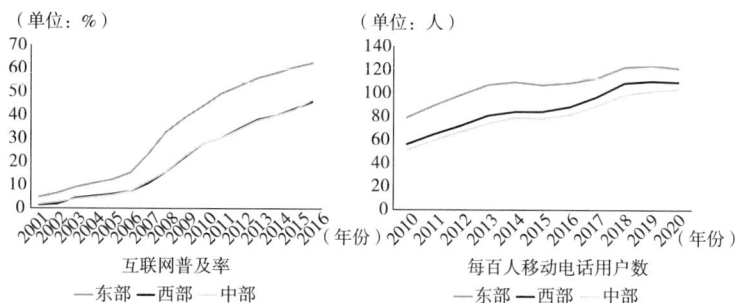

（单位：%）　　　　　　　　　（单位：人）

互联网普及率
—东部—西部—中部

每百人移动电话用户数
—东部—西部—中部

图 7-12　中国东中西部地区的互联网普及率和每百人移动电话用户数

注：（1）互联网上网人数数据只公布到 2016 年。（2）2015 年移动电话用户口径有调整，移动电话普及率与往年不可比。

数据来源：根据国家统计局数据整理所得。

7-12 的右图反映的是各区域的每百人中移动电话用户数，东部地区与中西部地区的差距没那么明显，并且有逐渐缩小的趋势，所以移动电话的出现大大地改善了数字鸿沟中设备接入的问题。

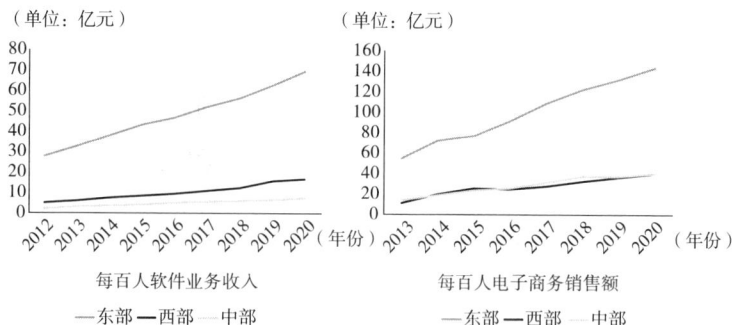

（单位：亿元）　　　　　　　　（单位：亿元）

每百人软件业务收入
—东部—西部—中部

每百人电子商务销售额
—东部—西部—中部

图 7-13　中国东中西部地区的每百人软件业务收入和每百人电子商务销售额

数据来源：根据国家统计局数据整理所得。

接下来看具体的产业差距，图 7-13 中各区域的每百人软件业务收入和电子商务销售额数据表明，东部地区的收入远高于中西部地区的水平，并且它们的差距越来越大。所以在这种情况下，到底怎样才能评估出数字经济对于区域经济差距的影响，发展数字经济是会扩大还是会缩小中国各地的差距呢？

此处的关键是数字经济属于一种有偏技术进步，如果它对发达地区的发展更有利，则会让区域间的差距越来越大；如果它对落后地区的发展更有利，则会让区域间的差距越来越小。扩大差距的因素有：数字经济会强化发达地区的先发优势，比如发达的地方产业基础更好，更容易实现产业升级；产业的规模报酬递增效应，规模越大的收益越多；等等。缩小差距的因素有：数字经济可能会让穷的地方收益更多，比如它可能降低落后地区的后发劣势。网络未连通以前，落后地区通常教育资源匮乏、师资力量薄弱，但数字经济的发展打破了时空距离的限制，教育资源可以跨区域使用，有利于落后地区人力资本的提升。所以在互联网普及之后，落后地区与发达地区知识传播的差距可能缩小了。除此之外，数字经济有一个很重要的特点，它会降低沟通与交通的成本，可以大幅度提升落后地区的市场可达性，这可能让落后地区比发达地区受惠更多。因为发达地区处于市场比较中心的位置，其交通条件本来就比较好，落后地区则处于相对边缘的位置，但有了互联网之后，落后地区的产品也可以卖到全国各个地方，这就使市场可达性扩大了，所以它有利于落后地区。

综上看来，扩大差距和缩小差距的因素同时都存在，其中的关键是哪个因素占主导，到底是强化了先发优势还是降低了后发劣势，这是需要利用数据进行实证研究的。需要解决的第一个问题是如何衡量各个地区的数字经济发展水平，已有部分研究做了一些测算，国家统计局也做了一些工作，但也只是发布了近一两年的情况，所以需要我们自己构建一个能代表各地数字经济情况的指标。我们采用了一个统计学的办法——动态因子分析法，核心思想是挑选出各个省或者各个城市与数字经济相关的多个统计指标，兼顾各指标的时间变化趋势，从中提炼出数字经济的信息（具体做法请参见刘涛雄和兰图（2022）的研究）。最终，我们根据国家统计局发布的《数字经济及其核心产业统计分类（2021）》关于数字经济的定义，挑选了 12个与数字经济相关的指标，利用动态因子分析法合成了一个数字经济指数。我们将该指数与其他研究团队的结果进行比较，例如腾讯研究院 2017 年发布的中国"互联网+"数字经济指数，此指数反映的是 2016 年各地区的情况，而其他年份的数据发布不全，因此拿我们计算的 2016 年指数与其进行对比。

图 7-14 是两种衡量方法下的各省的数字经济指数排名，可以看出各个省的排序大致上是接近的，2016 年，广东省的数字经济发展得最好，青海省的数字经济体量是最低的①。

---

① 由于西藏自治区的部分宏观统计指标缺失，无法进行动态因子分析，所以此次排名未纳入西藏自治区。

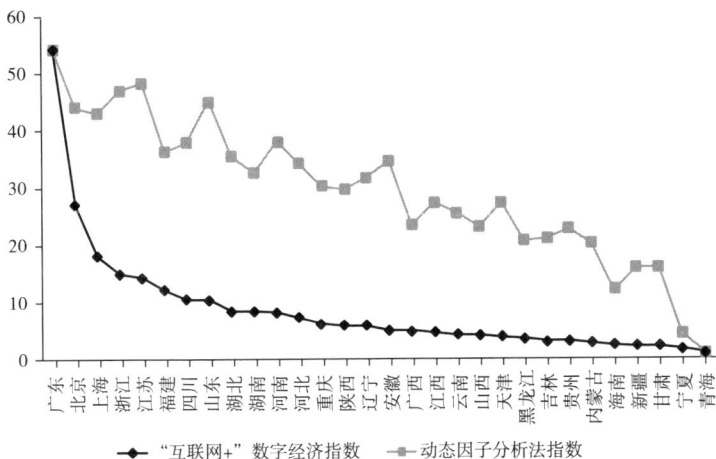

图 7-14　2016 年"互联网+"数字经济指数与
动态因子分析法指数的排名比较

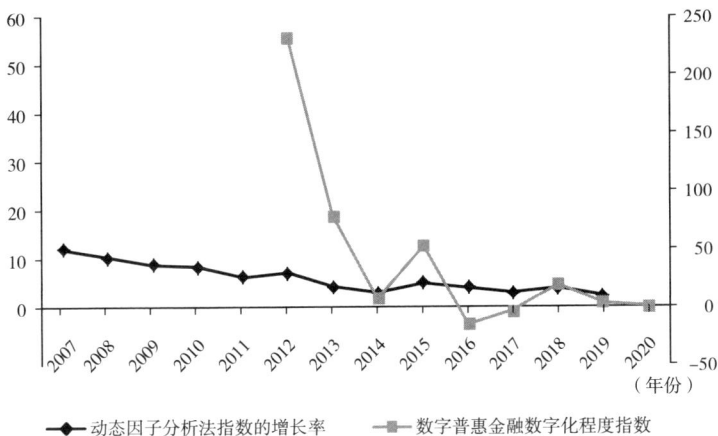

图 7-15　2007—2020 年动态因子分析法指数的增长率与数字
普惠金融数字化程度指数的比较

除此之外，我们用同样方法计算的全国层面的数字经济指数与北大数字金融研究中心做的数字普惠金融指数作比较，选取其中的数字化程度分类指数的省级中位值增长率。如图7-15 所示，两种算法下的数字化指数的增长率的趋势大体上是吻合的。另外还有一种对数字经济进行核算的方法，参考许宪春和张美慧（2020）的思路，利用投入产出表和部分其他的宏观数据，较为粗略地估算了全国的数字经济增加值。由于投入产出表每五年编制一次，对应年份估算的数据相对准确一些，最近的年份是 2017 年。

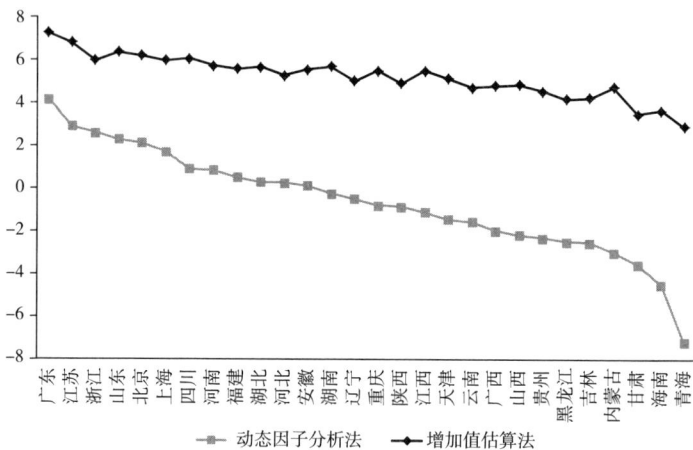

图 7-16　2017 年动态因子分析法与增加值估算法下的数字经济省份排名

图 7-16 是将两种算法下的 2017 年各省份数字经济进行排名，两条折线的总体趋势是比较一致的。以上的三种比较结果说明，我们计算的数字经济指标表现较好，可以用其代表各个地区的数字经济水平。

为了研究数字经济对地区的收入差距有多大的影响，我们借鉴 Barro 和 Sala-i-Martin（1992）的条件 β 收敛模型构建如下回归式：

$$\ln\left(\frac{y_{it}}{y_{it-1}}\right) = \alpha_0 + \beta_1 \cdot \ln(y_{it-1}) + \beta_2 \cdot digital_{it-1} + \beta_3 \cdot \ln(y_{it-1}) \cdot$$

$$digital_{it-1} + \gamma' X_{it} + \mu_i + \delta_t + \varepsilon_{it} \qquad (7-1)$$

回归方程的左边是人均 GDP 增长率，右边是我们关心的影响经济增长的因素。已经有部分研究表明，数字经济水平越高，经济增长的速度越快，但这里想要研究对收入差距的影响，只加入数字经济单项还不够。条件收敛模型的含义是在制度、储蓄率、人口增长率等因素类似的情况下，人均收入较低的国家应该有更高的增长率。这里有个前提是情况类似，运用到中国各个省和城市，早些年部分城市很发达且增长也很快，但后期增速会逐渐放慢，落后的地区更有增长潜力。如果落后地区和发达地区制度等各方面情况类似，它们之间的差距会越来越小，这就叫收敛。反之，如果地区间的差距越来越大，则叫发散。除了看数字经济直接对经济增长的影响外，非常重要的就是数字经济是否会对发达程度不同的地区的增长产生不对称的影响，即数字经济是否会促进相对落后的地区更快地追赶发达的地区。基本的收敛模型包含了滞后一期的人均收入水平项，不考虑数字经济，该项的回归系数如果为负，则表示存在收敛现象，其含义是这个地方的经济水平越高，后期的增长越慢，而经济水平低的地方反而增长更快，所以会收敛。除此之外，这里加了数字经济与人均 GDP 水平的交叉项，探究数字经济会对落后地区追赶发达地区产生促进还是阻碍作用。因为数字经济指标利用了该阶段每个时期的经济数据信息，所以有明显的内生性问题，关于内生性和工具变量的讨论可参见刘涛雄和兰图（2022）的论述。

表 7-2 是用 2013—2019 年省份面板数据对式（7-1）的估计结果，所有回归均包含个体效应和时间效应，模型（3）和模型（4）采用的是两阶段最小二乘法。第一，人均 GDP 滞后项的系数全部为负，说明中国各省份之间是存在条件收敛现象的，即落后的地方比发达的地方增长得要快一些，这个结论也与既有的研究一致。第二，数字经济单项的系数为正，表示它对经济增长的直接贡献是正的，也就是说一个地方数字经济的水平越高，经济增长会更快。第三，人均 GDP 与数字经济的交叉项系数显著为负，表明数字经济越发达，它对收敛的效果越显著，即如果数字经济水平越高，则落后地区可以实现更快的追赶。实际上，这是一个比较合理的现象：如果单看数字经济，因为数字经济能够促进增长，所以数字经济越发达，越能促进该地区拥有更高的增长率。但是如果存在一些办法使落后地区的数字经济变好一些，可以发现数字经济的发展其实是有利于相对落后地区追赶发达地区，落后地区有了数字经济后追赶得更快，这样和发达地区的差距会越来越小。所以从这

个角度来讲，数字经济还是有利于缩小经济差距的。收敛的效应其实比直接效应更加重要，因为收敛的效应意味着落后的地方有机会追赶，也意味着我们存在实施政策的空间。

表 7-2 2013—2019 年数字经济对区域经济收敛的影响估计

	（1）	（2）	（3）	（4）
L. lnGDP	-0. 100*** （0. 0294）	-0. 657*** （0. 0854）	-1. 199*** （0. 206）	-0. 815*** （0. 195）
L. digital	—	—	0. 616** （0. 249）	0. 461* （0. 252）
L. lnGDP · L. digital	—	—	-0. 0633** （0. 0247）	-0. 0465* （0. 0247）
L. 人力资本	—	-0. 000938 （0. 00112）	0. 000103 （0. 000697）	-4. 10e-05 （0. 000612）
经济开放度	—	-0. 130*** （0. 0410）	-0. 110*** （0. 0264）	-0. 0752*** （0. 0240）
政府消费率	—	-0. 0152*** （0. 00205）	-0. 0114*** （0. 00296）	-0. 00730*** （0. 00193）
金融发展水平	—	-0. 00165*** （0. 000595）	-0. 00303*** （0. 000453）	-0. 00179*** （0. 000326）
产业结构	—	-0. 000521 （0. 000326）	-0. 000389 （0. 000250）	-0. 000114 （0. 000174）
城镇化率	—	0. 0219** （0. 00805）	0. 0163** （0. 00733）	0. 0120** （0. 00516）
省份固定	YES	YES	YES	YES
年份固定	YES	YES	YES	YES
时期数	6	6	6	3

	（1）	（2）	（3）	（4）
Hansen 检验（p 值）	—	—	0.22	0.10
观测值	186	186	180	90
R^2	0.049	0.663	0.696	0.786

注：*** 、** 、* 分别表示在 1%、5%、10%的水平上显著。

在此基础上，我们采用了有限信息最大似然法（LIML）和广义矩估计（GMM）进行稳健性检验，表明上述结果是稳健的。为了考察是否存在区域异质性，我们将总样本划分为东中部地区和西部地区进行分样本回归，结果显示东中部地区和西部地区的系数相差不大，说明数字经济对区域经济收敛速度的影响在中西部地区不存在明显的异质性。同时，我们也把省份数据换成了城市层面的数据，想探究数字经济对城市之间收入差距的影响，结果表明，数字经济对城市增长及区域差距的影响与省级层面的基本特征是类似的。根据我们的研究结果，可以做一个思想实验：当前落后地区的数字经济水平与相对发达的地方相比差距很大，假设存在一种外生的力量能够把落后地区的数字经济提高到与发达地区类似的水平，在这种情境下落后地区追赶发达地区的速度将提升一倍，比如原来需要 20年时间追赶，现在只需要花 10 年时间，由此可见数字经济促进收敛的效果非常明显。

第八讲

大数据与金融科技

主讲人：李红军

李红军，清华大学社会科学学院经济学研究所副教授，博士生导师。博士就读于德州农工大学（Texas A&M University），师从计量经济学家李奇教授。现主要从事非参数计量、高维数据及机器学习等领域的理论与应用研究，已有多篇论文发表在 *Journal of Econometrics*、*Economics Letters*、*Econometric Reviews* 和 *Empirical Economics* 等经济学期刊上。

（扫码观看讲座视频）

内容提要

伴随着大数据及其分析技术的快速发展，数字经济在国民经济中的地位愈加重要。本讲试图通过对数字经济的特定领域——金融科技进行概括性的探讨，从特定角度反映大数据及其分析技术对数字经济发展的影响。

本讲首先通过具体示例简单展示大数据对股票投资的影响，接着介绍大数据和金融科技的相关概念，还介绍了大数据金融及其三个具体示例。

大数据是新动力、新机遇和新途径，是数字经济发展的基石。大数据给我们的经济发展提供动力和便利的同时，也带来了一定的挑战。如果大量使用大数据，可能会带来国际政治风险、国内隐私风险、其他系统性金融风险等。此外，大数据的使用也使得数据安全问题愈加突出。

金融科技是科技在金融领域的一种创新应用。在大数据金融中，金融大数据是核心。金融大数据具备大规模、高纬度、结构复杂等特点。我国政府非常重视大数据，也非常重视金融科技的发展，当前，我国金融科技发展侧重于加强金融数据要素应用，深化金融供给侧结构性改革激发数据要素潜能，以及把握好风险并做好金融机构的数字化转型。

一、引言：大数据是数字经济发展的基石

在阅读本讲内容之前，请先思考一个简单的问题：对数据的使用由来已久，为何我们直至近些年才强调数字经济的概念呢？人类社会对数据的使用历史久远，甚至可以追溯至结绳记数时期，而大规模地运用统计学相关知识进行数据整理和分析也在数字经济概念提出之前随处可见。在医药领域，药厂研发一款拟推向市场的新药时就需要经过多期临床试验来收集并分析数据来证明药效和安全性，方可向药物监管部门递交上市申请并获得上市资格。在此过程中，获取数据和分析数据是决策的核心要素。在金融领域，投资者们也往往使用相关金融数据进行策略分析并选择投资方案。例如，在决定是否购买某股票时，投资者会看标的公司的财务报表和公司的市值，并分析其资产、负债、现金流和市盈率等金融指标来判断公司的经营状态，并最终决定是否投资该公司。上述两个事例都依靠数据进行决策，但我们此前却并不强调其为数字经济。为什么我们到现阶段才格外强调数字经济概念？

如果仔细观察，我们不难注意到一个非常重要的事实：数字经济概念的突出地位是伴随着大数据的发展而逐步发展的。一定程度上，数字经济是伴随着大数据及其相关处理的分析方法和技术的发展而诞生的。换言之，大数据构成了数字经济发

展的基石。

股票投资是现代社会中资产配置的重要方式之一。在进行股票投资时，可能会遇到类似如下的问题：如何从若干只股票中选出投资标的及投资数量？对于该问题，经济学家在理论上已经给出相对充实的解答，那便是 Markowitz 的均值—方差理论。均值—方差理论告诉我们：给定期望收益，投资者可以选择最小化方差，或者给定方差，投资者最大化其期望收益。用此逻辑我们就可以得到一个最优的资产组合权重及投资组合。该投资组合可以表达为股票均值和方差的函数。其中，方差是各只股票方差以及股票之间的协方差，而均值就是股票期望收益。理论上，如果我们知道了所有股票的期望收益和方差，该函数可以直接告诉我们该如何进行股票资产分配，获得最优资产组合。

现实中，我们是不是就可以用这种方式来进行投资呢？比如，投资者利用历史的数据把收益和方差估算出来，并把它们代入函数公式中，是否就能得到最优的投资组合呢？很遗憾的是，用该方法得到的投资组合实际表现并不好，甚至不如某些非常简单的投资组合。有文献对此做模拟分析以及实证分析，都发现了一个普遍规律：当标的股票的数量相对较大（大于 30）时，用 Markowitz 均值—方差理论获得的投资组合，其夏普比（Sharpe Ratio）低于等数量投资组合的夏普比。

是什么原因导致了此处的"理论很完美，现实很骨感"？其中涉及两个层面的问题：估计误差和维度灾难① （Curse of Dimensionality）。由于并不知道股票的理论均值和方差，投资者需要根据历史数据估计其数值。在进行统计估计的过程中，该方法会引入估计误差。同时，随着标的数量的增加，估计误差会累积叠加，传统统计理论失效，带来维度灾难。维度灾难是一种典型的大数据问题，从该意义上讲，我们在投资组合中所遇到的问题本质上就是大数据问题。

二、大数据的内涵

关于大数据及其对经济社会影响的文献越来越多。此处我们根据后续讨论的需要简要介绍大数据的基本概念。

广义上，大数据包括数据采集、数据分析方法和大数据相关的产业。国务院印发的《促进大数据发展行动纲要》对大数据作出如下定义："大数据是以容量大、类型多、存取速度快、应用价值高为主要特征的数据集合，正快速发展为对数量巨大、来源分散、格式多样的数据进行采集、存储和关联分析，从中发现新知识、创造新价值、提升新能力的新一代信息技术和服务业态。"该定义涉及三个方面的内容：第一，

① 在大数据分析中，由较高维度而导致传统统计计量分析的理论与方法均失效的问题。

大数据是一个数据集合；第二，突出了大数据的采集、存储和关联分析等相关技术；第三，强调了大数据是一种发现新知识、创造新价值、提升新能力的一种信息技术和服务业态。

狭义上，大数据主要指具有特定特征的数据集合。一般来说，大数据具备三个主要特点，分别是数量大（Volume）、多样性（Variety）、高速性（Velocity），故而也简称为"3V"。其中，数量大的特点表现在数据量很大，其计量单位可能是从TB级到PB级。一台家用电脑的硬盘存储量一般在TB级范围内，而单位PB级容量为1024TB，故而大数据的数据量相比之下较为巨大。大数据的多样性体现在其数据来源和数据类型的多样上。大数据的数据内容可以是网络上的日志，也可以是在线交易，甚至微信对话，都可能会成为大数据的内容。大数据的高速性则体现在数据的产生、获取和分析的速度上，例如"双十一"促销期间电商平台的购物数据。"双十一"期间，电商平台会接到大量订单，产生了需求端的大量数据，平台需要对数据进行处理，商家则需要根据平台提供的数据对接派单、安排配送等工作，其中涉及了大量数据的获取、存储和分析等问题。也有其他说法，在前面"3V"的基础上增加了不确定性（Veracity）构成"4V"，如IBM公司，它强调大数据隐含着与真实性相关的不确定性问题。这也是大数据的一种重要特点，但不是大数据的核心要义。故而，在对大数据进行分析时，我们要紧扣容量、多样和速度的三个方向而展开。

为了更好地理解大数据，我们可以将它与传统数据进行对比。如果我们借助集合的表述方式把所有数据用整个大圆来表示，那么我们可以在大圆的中间画一个小圆来代表传统数据，也就是我们用传统的方法和软件可以简单分析的数据。而小圆之外的部分则代表了大数据，也即用传统分析方法、分析软件无法进行便利分析的数据集合。换言之，我们把传统数据之外的数据类型都叫作大数据。

既然大数据与传统数据在分析方法上存在较大差异，那么大数据处理又具有什么特殊性呢？一般情况下，大数据的处理存在四个阶段，分别是数据收集、数据存储、数据处理与分析、数据使用与可视化。第一个阶段需要收集原始的数据，包括事务、日志、移动设备等。第二个阶段涉及数据的存储，包括在处理任务之前或者任务之后都需要去存储相关的数据。第三个阶段主要为数据的处理和分析，通常需要对数据进行预处理，把原始的数据转变成我们所需要的可以使用的格式和状态。第四个阶段则是对数据进行使用和可视化，涉及用数据了解事物内在特征、用数据进行推演分析以及展示数据分析中间结果和最终结论等。

大数据是数字经济的重要基础。习近平总书记多次专门就数字经济问题发表讲话，在中共中央政治局就实施国家大数据战略进行第二次集体学习时指出"大数据在保障和改善民生方面大有作为"①。国务院在 2015 年 8 月 31 日印发了《促进大数据发展行动纲要》，重点强调了大数据是新动力、新机遇和新途径，指出大数据是推动经济转型发展的新动力，同时它在国家战略层面是重塑国家竞争优势的新机遇，更是我们提高政府治理能力的新途径。以近年暴发的新冠肺炎疫情防控为例，中国政府充分利用大数据进行精准防控，取得了良好效果，是大数据提升政府治理能力的典型事例。

三、金融科技

金融科技（Fintech）的英文名称是"finance"与"technology"两个单词的结合，金融科技代表着金融与科技两个领域的融合，把颠覆性的前沿技术引入传统金融领域。此处的技术主要是一些颠覆性的新技术，包括大数据、人工智能、区块链和云计算等。其中，人工智能、区块链和云计算，都与大数据的分析和处理密切相关。因此，金融科技可以定义为大数据、人工智能、区块链、云计算等前沿颠覆性科技和传统金融业务与场景的叠加融合，通过前沿课题扩展金融业务范围并提升金融服务能力。

金融科技的技术基础包括大数据、人工智能、区块链和云

---

① 《审时度势精心谋划超前布局力争主动　实施国家大数据战略加快建设数字中国》，《人民日报》2017 年 12 月 10 日。

计算。其对应的传统的金融业务包含计算支付清算、借贷融资、财富管理、零售银行、保险以及包括交易结算等。根据主要技术的不同，我们也把金融科技划分成四个领域，分别为大数据金融、人工智能金融、区块链金融和量化金融。

我国政府对金融科技领域也非常重视，进行了前瞻性的布局，目前已经发布了两个发展规划。第一个发展规划已经执行完毕，第二个发展规划正在进行，执行期为 2022 年至 2025年。新的发展规划强调了三个要点。第一个要点是以加强金融数据要素应用为基础，突出强调金融科技的发展是建立在金融数据要素基础之上。第二个要点是以深化金融供给侧结构性改革为目标，通过金融科技的应用来激发数据要素的潜能。第三个要点是把握风险并做好金融机构的数字化转型，既要促进创新发展也要防范因为新技术新革命带来的可能性的系统性风险，要把握好二者之间的平衡。

四、大数据金融及其示例

大数据金融作为金融科技的一种形式，既有金融科技的普遍特点，又有其自身的独特性。本质上，我们可以把大数据金融看作对金融大数据的处理与应用。其处理流程与前面提到的大数据类似，也包含四个阶段，分别为数据的获取、数据的存储、数据的处理分析和数据的可视化以及使用。需要注意的是，此处的处理对象为金融大数据，而数据处理的目的也主要为金融业务。金融大数据具备大规模、高维度、结构复杂等特点，直接影响了其计算、分析和预处理的方式。

我们通过三个具体示例来了解大数据及其分析技术如何在大数据金融中发挥其特点和作用。第一个例子是开篇示例的延续，关于高维投资组合的构造问题。第二个例子是高维 Alpha 检验问题，也就是检验一组高维证券的超额收益。第三个例子则展示了如何利用数字足迹（Digital Footprints）来进行信用评估。

（一）高维投资组合

在前文中，我们曾经介绍过高维投资组合。其主要特点是，证券数量相对较大，用传统方法如 Markowitz 均值—方差方法得到的投资组合表现相对较差，需要用大数据的处理方法进行投资分析。

该方法依然沿用了 Markowitz 均值—方差的理论框架，但是在其中结合了大数据的分析方法。具体来说，对该问题的处理一般涉及两个方面的处理。首先根据 Markowitz 均值—方差的权重公式所具备的特点，将其转化成回归分析的问题。在此基础上，进一步在回归分析中引入高维数据处理方法，用 Lasso 或其他类似的惩罚项以获得权重的稀疏估计值。实际上，Lasso 惩罚项也具备经济学含义。我们可以把它理解为持有股票所付出的交易成本等。由此，我们便可得到相对稀疏的投资权重。

与传统的 Markowitz 均值—方差方法相比，该方法获得的投资组合具备如下特点：首先，其夏普比（Sharpe Ratio）相对较高，也就意味着在同等风险程度下，该投资组合能够获得更高的期望收益。其次，资产组合相对稳定。用传统方法获得的投资组合往往需要每一期都进行大量的买卖行为，换手率非常高。而用大数据方法获得的投资组合在各期之间变动较小，无须进行资产配置大规模调整，换手率相对较低，交易成本较少。最后，用大数据方法所获得的资产组合其总方差相对较小，也就是说其风险相对于传统方法会减少。

通过该示例，我们不难发现，大数据方法为我们带来的便利。在传统领域里难以解决的投资组合问题，一旦运用大数据方法加以处理，便可以获得相对理想的结果。

（二）超额收益检验

超额收益检验也叫作 Alpha 检验，它是用来检验某只证券是否具备超过市场因素之外的收益，从而察看该证券是否具备投资价值。某只证券的超额收益 Alpha 越高，就意味着该证券越有投资价值。

对于某只具体的证券，我们可以用简单的 Alpha 检验来检查其是否具有超额收益。但是，当证券数量较多时，传统的检验方法将会失效。其失效的原因在于数据窥探（Data-Snooping）问题。数据窥探的含义是，用传统方法进行假设检验所得到的结论不是真实世界的反应，而是由一些偶然性因素所导致。故而，传统检验的结果不具备现实意义，不能用于帮助我们理解现实世界。传统方法进行较大数量的 Alpha 检验时，因为证券数量较大，偶然性因素出现在检验结果中的机会也较大，导致最终检验结果不再具备小概率事件逻辑的内在属性，而不能用于理解现实世界。

此类问题是大数据的典型问题之一。针对该大数据问题，学术界已经有了一套方法进行处理，叫作错误发现率控制（False Discovery Rate Control）。它的核心思想是把高维假设检验中的随机性因素考虑进来，对单个检验的阈值进行调整以使得整个检验的阈值刚好达到预定值。换言之，其思路就是对每个具体检验进行微调，使其在整体检验中刚好对冲随机因素的影响，使整体结果不再受偶然性的干扰。

把该大数据方法运用到证券投资的超额收益检验中，我们可以更好地找出具备超额收益属性的资产。现有文献的研究结果显示，在股票数量相对较大时，用错误发现率控制法进行超额收益检验，可以遴选出一组具备相对较高超额收益的股票，其超额收益率非常可观，而用该组股票构造的投资组合可以实现 4.6 的夏普比。从中也可以看出，用大数据方法来处理传统金融问题能够克服高维数据所带来的挑战，让我们的金融决策达到相对理想状态。

（三）数字足迹与信用评估

前述两个例子展示了如何用大数据方法解决传统金融问题。此处的例子揭示如何用大数据扩展金融分析方法。本示例探讨了如何用消费者的数字足迹（Digital Footprints）判断其违约风险。

违约是金融里非常重要的问题。一方面，较高的违约率可能会带来系统性风险，引发金融系统不稳定；另一方面，高违约率也会抑制金融借贷，降低金融领域服务实体经济的效率。各金融机构对违约率也极为重视，用简便易行的方法相对有效地判断违约率就显得非常必要。传统方法一般是从信用评分机构获取个人数据，利用信用评分及其他金融指标判断违约率。该方法的优点是较为准确，缺点则为效率相对较低，也同时面临数据不足的问题。

有学术文献研究如何用数字足迹进行信用评分。文章中所用的数字足迹主要是每个消费者在浏览或者注册网站时所留下的数据信息。其中包括所使用设备、其操作系统、电子邮件的提供、电子邮件的名字等相关数据。此类数据看似与金融属性并不相关，是否真的能够用来预测违约风险呢？

简单的数据统计就可以发现数字足迹与违约风险具有较高的相关性。就操作系统而言，用 MacOS 的消费者比用 Android

的消费者具有更低的违约可能。从电子邮件的提供商角度来看，用 T-online 比用 Yahoo 具有更低的违约可能。如果将两个变量进行组合，可以发现以 MacOS 为操作系统、以 T-online 为电子邮件提供商的个体，其违约风险相对较低，而以 Android 为操作系统、以 Yahoo 为电子邮件提供商的个体，其违约风险相对较高。

为了具体量化地考察数据对风险预测的能力，我们需要借助机器学习的分析方法。与假设检验类似，对违约风险进行预测有可能出现两类错误。第一类错误是某主体可能会违约而预测方法却将其判定为非违约；第二类错误是某主体不会违约而预测方法却将其预测为违约。判定某种预测方法的好坏一般需要综合上述两类错误。如何对上述两类错误进行综合分析呢？在机器学习有个著名的方法叫作接收操作特征曲线（Receiver Operating Characteristics Curve，ROC 曲线），可以用该曲线刻画两类错误，并通过曲线下面积（Area Under the Curve，AUC）大小来对比各种不同方法的好坏程度。

利用该方法，我们便可以比较用数字足迹预测风险和用信用数据预测风险的表现差异。如果用传统信用评分数据，我们得到的 AUC 面积约为 68.3，而用数字足迹得到的 AUC 面积约为 69.6，相对较高。从中可见，尽管数字足迹不是金融的数据，没有相关个体的具体财务方面信息，却能够提供相对较好的违约行为预测。如果我们把传统数据与数字足迹数据进行组合，可以将 AUC 面积提高至 73.6。这意味着我们可以把数字足迹的数据补充到传统信用数据中，以提高违约风险的预测能力。

通过该示例，我们可以发现大数据为传统数据提供了有益的补充，甚至在部分金融服务领域占据重要地位。而我国政府一直所推动的小微企业贷款，就是大数据金融的具体应用场景，该应用案例也值得进一步研究探讨。

后 记

　　数字经济是继农业经济、工业经济之后的主要经济形态，数字经济为经济社会持续健康发展提供了强大动力。数据要素是数字经济的核心引擎，如何做好数据要素的确权和市场化配置，对数字经济的进一步发展至关重要；规范健康可持续是数字经济高质量发展的迫切要求，以平台经济为代表的数字经济的组织形态面临着一系列协同治理与监管的需求；数字化服务可以提高有限资源的配置效率和普惠化水平，满足多样化个性化需要，促进地区间平衡发展。

　　清华大学社会科学学院经济学研究所结合近年来在数字经济方面所作的研究和取得的成果，组织举办了"数字经济前沿系列讲座"，从数字经济的新要素——数据确权与价值创造，新组织——平台经济的创新与监管，新格局——数字化转型与经济发展等三个维度介绍数字经济发展的机遇与挑战。

　　"数字经济前沿系列讲座"吸引了数百万人参加，累计播放次数超过一千万，取得了很好的效果。为了满足广大读者了解数字经济的愿望，提高运用数字经济的能力，清华大学社会科学学院经济学研究所根据"数字经济前沿系列讲座"整理编写了本书。

在本书的编写过程中，博士生曹越洋、博士生刘乐易参与了第一讲的有关工作，博士黄成、博士生郝飞参与了第二讲的有关工作，硕士王锦霄参与了第三讲的有关工作，博士生徐欣祯参与了第五讲的有关工作，博士生兰图参与了第七讲的有关工作。

对于本书所讨论的问题，难免存在不同的意见，期待同行专家和读者朋友批评指正，使我们在理论探讨上能够向前推进一步，从而为我国数据要素市场的建立、数据要素按贡献参与分配以及数字经济的健康发展提供理论依据。

编　者

2022 年 8 月

视 频 展 示

蔡继明
第一讲　数据要素按贡献参与分配的价值基础

戎　珂
第二讲　数据确权和分类分级管理

汤　珂
第三讲　数据要素的交易与市场

王　勇
第四讲　平台经济的运行特征与治理

孙　震
第五讲　平台经营者集中与反垄断监管

谢丹夏
第六讲　数据要素如何影响经济增长

刘涛雄
第七讲　数字经济是扩大还是缩小了经济差距?

李红军
第八讲　大数据与金融科技